KAWADE
夢文庫

日本の呪術大全

秋山眞人
布施泰和[協力]

河出書房新社

古来伝えられてきた人生を豊かにする呪術とは――まえがき

皆さんは「日本の古伝呪術」というと、安倍晴明や空海、役行者らの名前が思い浮かぶかもしれません。また、中国の史書「魏志倭人伝」には、邪馬台国の卑弥呼は「鬼道」をおこなったと書かれていて、鬼道は呪術、すなわち呪い的、霊的な作法であったとされていることもよく知られています。

『日本書紀』や『古事記』にも、誓約、太占、夢占い、盟神探湯（裁判）などの霊的な方法論が記されており、日本国家が成立したときから、すでに呪術的な政がなされていたようなのです。

しかしながら、その呪術の内容のほとんどは、のちに宗教となった教えや教典（空海なら真言宗）以外は、中身が正確に伝わっているかどうか、わからないのが実情です。

たとえば、一部の神秘家の間で、安倍晴明の占術およびお祓いの印が辛うじて伝わっていますが、このなかにも怪しいものがたくさんあります。

フィクションの小説・アニメの作家たちは、呪術の持つ神秘的な力や古代の呪術者にロマンを抱き、そこにいろいろな物語を投影してきた歴史があります。

不遇な人生を送った菅原道真（すがわらのみちざね）の死後に相次いで起こった不吉な事件が、道真公の怨霊によるものと考えられ、学問の神や雷神として祀られるようになったのも、菅原道真が呪術者であったと同時に、神秘的な力の存在を信じた古代の人々が想像力を膨（ふく）らませた面があることは否めない事実です。

ですから、日本の呪術、今現在使える呪術について考えるとき、注意しなくてはならないのは、後々ロマンが膨らんで大きく誇張（こちょう）されてきた面を引き算し、本当に使うことができた呪術という、目に見えない「成功術」を探り出す必要があるということではないでしょうか。

我々は、本当にポジティブに使えた呪術を知り、そこに回帰する必要があるのです。真に生活に役立てたり、能力開発に役立たせたりできる呪術はあるのか、という視点が重要なのです。

逆に現代の視点から呪術のなかにある効果を分析してみると、そこには集中力や記憶力を高める所作、そして近年のコーチングやビジネス、トレーニングに使われている手法以上のマインド・タフネス、マインド・フルネスを支えるようなノウハウがたくさんあることが見えてきました。

さらに突き詰めて、日本の呪術側から近代の心理学や脳生理学が提示するようなトレーニング方法を見ると、むしろその〝科学的な〟方法論が味気なく、またスケールが小さく思えてきて、かえってダイナミックな実用性を封印しているように見えてしまうのです。

そこで本書では、古来実用的に使われてきた呪術がどのようなものであったかを丁寧に解説していくことを主眼としたいと思います。そしてそれらの呪術の本質に迫り、最終的には日本人が古くから使ってきた「真のポジティブにして実用的な呪術」の体系を明らかにしたいと思っています。「呪術」の新しい地平線に向けて共に旅をしましょう。

秋山眞人

日本の呪術大全／目次

1章 日本の呪術 そのルーツを探る

4章 現代人の役に立つあらゆる呪術の智慧

カバーデザイン◉こやまたかこ
イラスト◉青木宣人

1章 日本の呪術 そのルーツを探る

●縄文時代から存在した呪術

日本では、縄文時代の頃から呪術をおこなっていた形跡があります。

たとえば、縄文土器に非常に複雑な渦巻きやクロス、波などの紋様が描かれています。点描で描かれた紋様や細密な飾りもあります。表面がツルツルで平板な土器でもよかったはずなのに、なぜわざわざこのような複雑な紋様や形を多用したのか。そこには非常に強い呪術性があったからではないでしょうか。

そういった図形には実際に目に見えない力が宿るすさまじさを、私はあらゆる人生のシーンで経験してきました。その感覚を失ってしまった多くの現代人にはわからないかもしれませんが、古代人は当然のようにそうした見えない呪力を発動したり宿したりという感覚を持っていたと思われます。だからこそ、生活でふれるものに複雑な紋様を描いたのです。シンボルには「美しい芸術」という以上の、意味と価値があったのです。

また、そうした複雑な模様を施したものを身に着けたり、近くに飾ったりすることによって、自分たちの力を強めたり、自分たちを守ったりすることができるのだという感覚が、そのときからあったのだと考えられます。ですから、大自然のなかのすべてに意味のある力を感じ取ることができたのでしょう。西洋ではそれを「アニミズム」と呼び、原初的な超自然観であるととらえていますが、本来は大なり小なり人間が持っている、極めて根本的な自然の感覚だったのではないでしょうか。

その西洋のアニミズムという古伝自然観と同等の意味を持っているのが、中国の道教であったり、日本の古神道と呼ばれたりしているものです。

縄文式土器の複雑な紋様には
呪術的な意味がある

古神道は、中国の道教の概念が日本に持ち込まれたものがほとんどだと説く人もいますが、私はむしろ世界同時発生的に生まれたものであると見ています。易にしても、古代中国ではじまったと思うかもしれませんが、古代の中東や日本でも、宇宙を八つのチャンネルに分けて見る易のような宇宙哲学は、すでに同じ頃に存在していました。

いつの時代でもそうですが、そうした古代人のなかでも、特に敏感な感覚を持つ人たちがいたのです。その人たちは、ただ見えない力を感じるだけでなく、もっと複雑にどのような力がどこに宿っているか、その力がどのような効果を自分たちにもたらすか、なども感じることができたのだと思います。自然界に存在するあらゆるものに宿った見えない力を感じ、それぞれにどのような効用があるかを調べて皆に説く人もいたのでしょう。さらに、ある種の瞑想状態に陥ることによって、超自然的存在とも直接交流し、託宣、呪い、占い、祭儀を執りおこなうようにもなったと考えられます。

彼らはいわゆるシャーマン（巫覡）と呼ばれる人たちで、目に見えない超常的な存在を理解し、その存在と交流できる人であると見なされました。これが呪術者の祖型と見なすこともできるのかもしれません。

●神道最強の呪術とは

やがて古神道全盛の時代に、大陸などで発生した一神教的な概念が日本に流入するようになります。世界の一部の地域では、多神教から一神教へとシフトが起こりました。これは一種の「宗教的呪術戦」ともいえるもので、他者と比べ自分たちが特別であり、選ばれた民であると信じ込ませることなどにより、信者を増やしていったのです。

今日の歴史を見ると、日本にも古くからユダヤ教やバラモン教、キリスト教、仏教、イスラム教などが流入してきたようです。それにもかかわらず、日本では依然としてアニミズム的な神道が文化にしっかりと根を下ろしているのは、縄文時代に根差したと考えられる古神道以来、日本が育んできた神道が非常におおらかで懐の深い哲学だったからでしょう。

神道は突き詰めてゆくと、「日々新々」という考え方にいき着きます。「今日の呪術は、明日は使えない」と考えるわけです。毎日人間は、霊的に、精神的に生まれ変わるのだという考えです。

これはある意味、神道の最強の呪術でもあります。今日の私と、明日の私は違うから、今日の私が呪われていても、明日は大丈夫だとする。そういう呪術は、強力です。だからどのような呪術を持っていた人がきても、全部受け入れられ、恐れに立ち向かうことができたのです。ただし、自分が毎日どのような祈りにはじまり、どのような祈りで終わるかが大切になったはずです。

●日本呪術界のスーパースターたち

「鬼道をよくした」と書かれている卑弥呼もまた、縄文時代からすでにあった呪術的なものと、大陸からもたらされた道教や拝火（ゾロアスター）教、海洋信仰、山岳信仰、太陽信仰の呪術体系、それに巫女の術である巫術を駆使した呪術師だった可能性があります。「鬼道」とは霊感から編み出した呪術であったのかもしれません。少なくとも三世紀半ばには、この国ではあらゆるものに神（目に見えない力）が宿るとする神道的な呪術体系は出来上がっていたようです。

そうした古くからの流れのなかで陰陽師が誕生します。平安時代には陰陽博士として、天文や暦、占いをする「公務員の呪術師」として重要な役割を担いました。安倍晴明が有名ですが、当時の陰陽師は、呪術をおこなうだけでなく、公務員として暦を編集したり、星の動きを読んだりもしていました。

それとは別に、陰陽道から分かれる形で、山岳修験の人たちも出てきます。山でいろいろな呪術を研鑽する人たちです。役行者が有名です。

大陸から伝来した大乗仏教の影響を受けて、仏教の流派の一つとして密教も登場します。秘密仏教とされるもので、真言宗系の東密と天台宗系の台密があります。そのなかで特に有名なのは、真言宗の開祖・空海（七七四〜八三五）です。いろいろな呪術を施したスーパースターでした。日本の呪術の歴史を見ると、卑弥呼、安倍晴明、役行者、空海というスターたちが、それこそ時の政権を動かすキーパーソンとして並んでいることがわかります。

●呪術にはどんなものがあるか

これらの呪術を単純に山岳信仰系、真言宗教系などと分けることはできません。確かに、山岳修験道系、仏教系、神道系という流れはありますが、源流は一つだったと私は考えます。一部、山岳修験道に独自の呪術が伝わっていますが、基本的には根本は一緒、つまり「実用的呪術」であったということです。

ですから、こうした宗派的なものとか、流派的なものが延々と織り成される歴史が呪術史の縦の糸だとすると、横糸としては霊を操る憑霊術、念じて相手を倒す、主に攻撃的な呪詛、その呪詛から身を守る護身術など、ほとんど同じ呪術が伝わっているのです。

神社の護符やお守りも、仏教の護符と同じで、自然界に存在するいろいろな霊的なものや力、人の怨念から身を守るためのものなのです。

ほかにも霊的な周期やタイミングを計る占術が、宗派を問わない「横糸」として存在します。生贄（いけにえ）という一種の呪術もあります。生贄は動物からはじまって、人柱（ひとばしら）のように人間の生贄を使った記述も各地に残っており、特に水の大きな災害を防ぐために、若い女性を人柱にしたというケースが多いように思われます。日本武尊（やまとたけるのみこと）の東征で海神の怒りを鎮めるため、尊に代わって荒海に身を投げた弟橘姫（おとたちばなひめ）がその典型的な例です。

生贄に代わる代償呪術としては、収穫物や獲物の一部や長虫（蛇）などを生贄として自然界の神々に捧げて、豊作を願ったり収穫を願ったりする呪術もよくおこなわれたようです。人柱は、大水が出たときに橋が流されないように人を橋桁（はしげた）に埋める秘術です。呪術も、権力者の欲や、人民の不安に結びついてしまうと、殺人という恐ろしいことに使われてしまいます。呪術が、人の命の大切さを見失った人々に使われた、とても怖い話の例です。これは古代人が愚かだったということではありません。平和のために戦をする、宗教のために戦争が止まらぬ現代は、呪術戦の歯止めが利かなくなっているといえないでしょうか。だからこそ、呪術の研究は必要なのです。

基本的には推古天皇の時代に呪術が最も発達したようです。その一つが、木簡呪術といわれるもので、木の板にいろいろなことを書き込んだり、人形に切って、向かい合わせにしたり、背中合わせにしたりしました。それで人を別れさせたり、くっつけたりしたわけです。

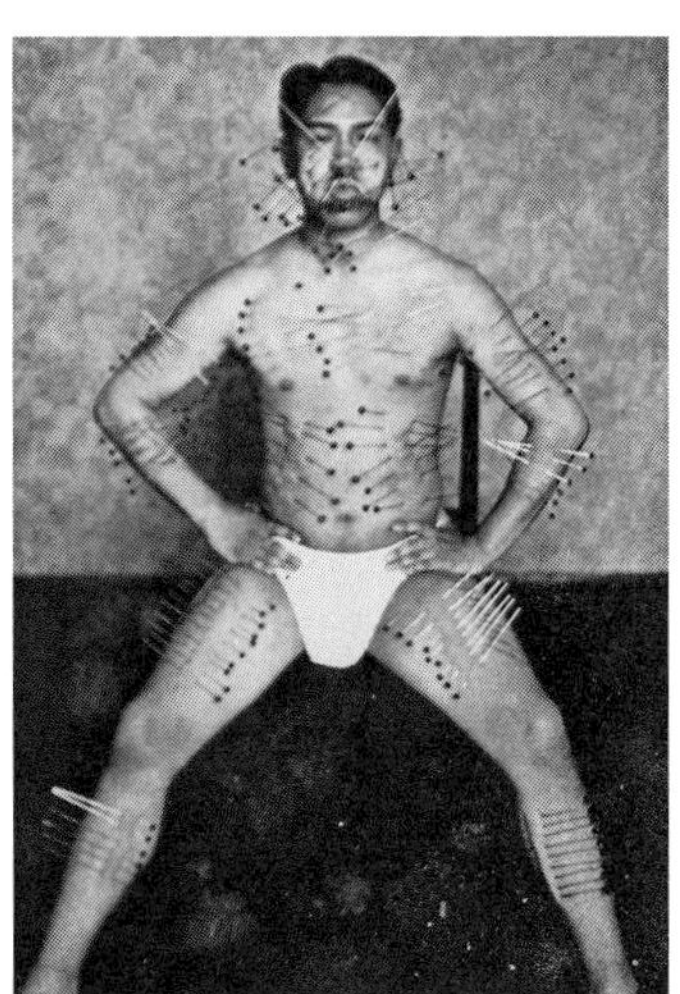

藤田西湖（せいこ）の刺針術。あらゆる痛みを感じなくなる術で、実に500本もの針を刺している

空間に印を切る形の呪術も現れました。文章を唱える呪術もひんぱんに使われました。もともと呪術の「呪」の字は「繰り返す」を意味します。繰り返し同じイメージを

持ったり、唱えたりします。

変わったところでは、忍術のなかの呪術もあります。太平洋戦争中に陸軍中野学校で武術や忍術などの講義をしていた藤田西湖（ふじたせいこ）（一八九九～一九六六）も、甲賀流忍術の使い手でした。藤田はさまざまな呪術の使用法を説いており、呪術は武術や近代戦術にまで浸透していったことがうかがえます。

このように呪術には、宗派を超えたさまざまな方法論があります。それはまるで、中心から枝分かれして広がる呪詛曼荼羅（じゅそまんだら）のようにも思われます。

●今も生き続ける呪術とは

神話やわらべ歌などには、古伝呪術絡みの伝承が記録されているものがきわめて多く、のちの人々に伝えなくてはという古人の思いを感じます。現代においてはさらに想像力が加わって、呪術を主要モチーフにした『呪術廻戦』や『鬼滅の刃』などの漫画やアニメにも取り上げられるようになりました。

ヒットしているアニメのなかには、オカルトや、心霊、呪術的なことを取り上げるものも多く、『真夜中のオカルト公務員』では、真夜中に新宿御苑（ぎょえん）で西洋系の天使と東洋系の天狗の霊の仲が悪くて小競り合いを繰り返しているなど、私から見ても非常にリアリティのある現象が描かれています。定期的に甦る霊的な事象に人間が翻弄される有様は、実は非常にリアリティがあるのです。

アニメ『転生したらスライムだった件』のように、転生して自分が特殊なものに生まれ変わるというストーリーも、実は非常に呪術的です。そうした呪術体系も実際に存在します。転生先は自分で念じて決められるという考え方は非常に古くからあり、古代エジプトのミイラ信仰もその最たる例です。魂がミイラに戻ってくるという考え方のなかには、転生先を決めるためにミイラをつくるという呪術的な側面があるのです。

呪術に使う人形もあります。藤原京跡や平城京跡から釘を打ち込まれた形跡のある人形が出土しています。主に木簡と呼ばれる木を人形にくり抜いて、そこにさまざまな願望を書き込んだものであると考えられています。この儀式は、なんと、近代においても絵馬や七夕に引き継がれているではありませんか。

当時は木簡を占いにも使ったと考えられています。それが木簡占いです。飢餓や疫病、異常気象などがあったときは、呪術が使われました。時の為政者の健康がすぐれないときは、何かの祟(たた)りではないかと考えられたりもしました。土地に絡む祟りなのか、家や都を移転したために起きた祟りなのか、方位に関する災いを受けたのか、政敵から呪詛を受けているのではないか、星まわりが悪かったのか、などと考えたわけです。

そうしたものから身を守る呪術も発達していきました。そして効果があったと思われるものが現代まで継承されてきているのです。実際に効果のある呪術でなければ、現在まで残っているはずもありません。

呪詛人形を使った「丑(うし)の刻参り」をおこなったケースでは、昭和になって裁

平城京跡から出土した奈良時代の「呪いの人形(ひとがた)」
(提供:奈良文化財研究所)

かれた事件もあったくらいです。いまでも特定の呪詛にかかわる神社では、木に打ち付けられている藁人形が見つかっています。東京都の板橋にある縁切り榎にも、絵馬を掛けると縁が切れるというので、いまでもたくさんの絵馬が掛かっています。

これは相手側が気づいている、いないにかかわらず、効果を発します。理由はさまざまな説明がありますが、たとえば互いにテレパシーがあると仮定すれば、恨まれた人はその恨みを受けとることができるからだともいえるでしょう。

術が効くか効かないかは、集中時のテレパシーの素質や出力があるかないかということでもあるからです。

江戸時代に描かれた「丑の刻(時)参り」／鳥山石燕「今昔画図続百鬼」(1779年)より。七日目の参詣が終わると、寝そべった牛が現れるので、それをまたぐと呪力が発動するとも信じられた

●呪術の原理と超能力の関係

呪術のなかには「心理戦」ともいうべきものもありますが、本当の呪術はテレパシーと深くかかわっています。本来、人間にはテレパシー能力が備わっていますが、その能力の強弱には個人差があります。その能力を全開にしている人もいれば、塞いでしまっている人もいて、少しでも開いている人は、身に迫る危険を察知したり、霊的な気配を感じ取ったりすることができるのです。

その呪術的な超能力を戦いに使ったケースもたくさんあります。戦国時代の武将は、兜のなかに呪物やいろいろなお守りを入れていました。小さな仏像が入っていたケースもあります。特定の家が栄えるシンボルである家紋や、武将が好む縁起物が兜に描かれていました。

相手にどう見せるかという心理戦としての呪術もありますが、基本的には呪術は念じる、念じられるという関係で成り立ちます。テレパシーが発信され、それが届くという現象が背景にあるのです。

念は相手に届くのです。たとえば、日本から見ると地球の裏側、アルゼンチンのブエノスアイレスにいる自閉症の子供たちに対し、日本の能力者が念じてヒーリングの癒やしパワーを送るという実験すら、現代においてなされています。その結果、決められた時間においてはっきりと有意の現象が観測されたという報告もあります。

迷信だといいながら縁起をかついで節分で豆を食べる人たちがいるかと思うと、物理法則にそぐわないから超能力的現象はおかしいという人たちがいますが、まだ説明できていない物理法則のほうがはるかに多いのです。物理科学万能主義を標榜する人間のこざかしい知恵で宇宙全体を説明しようとするほうが傲慢に思えます。

そのことは優秀な科学者も気づいていました。温度と電流の振る舞いの関係を示した「ジョセフソン効果」を理論的に予言した英国物理学者ブライアン・デーヴィッド・ジョセフソン（一九四〇〜）しかり、「パウリ原理」という原子における電子の法則を発見したヴォルフガング・パウリ（一九〇〇〜一九五八）しかり、中間子の存在を予言してノーベル賞を受賞した理論物理学者・湯川秀樹（一九〇七〜一九八一）しかり、同じくノーベル賞を受賞した利根川進（一九三九〜）しかり。物理学や分子生物学を極めた学者ほど人間の念や人間の持っている超常能力や念というものに肯定的なまなざしを向けていました。

つまり呪術を追っていくと、人間の持つ潜在能力とか、超能力的な現象を無視することができなくなるのです。

ですから呪術大国日本の現状は、アニメなどにより呪術に対する関心が非常に高まり誇張された呪術が喧伝（けんでん）される一方で、頭から呪術や超能力を否定する人が現れたり、呪術が何かも知らず無意識的に使う人がいたり、密かに呪術を駆使しながら人生をより豊かにしたりする人がいたりするなど、非常に混乱している状態であるといえます。

では、いったいどこまでが呪術でどこまでが妄想なのか、あるいは、どこまでが心理学でどこまでが超能力なのか――。それを知るために、現在知られている呪術の体系について説明していきましょう。

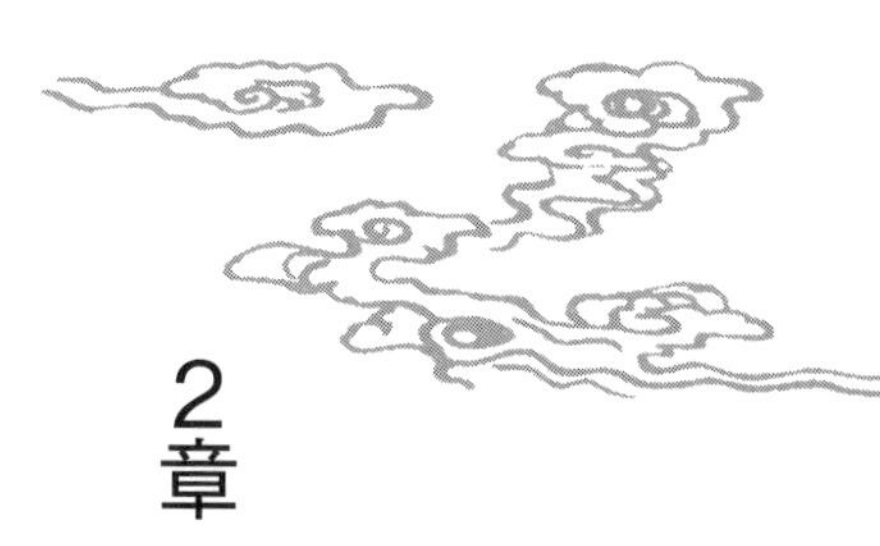

2章 神秘現象を呼び起こす呪術のしくみ

●「二者間」「個人」「集団」の呪術の違い

基本的に呪術には、念を強くして相手に届かせる方法の体系、能動的に念じてその念を届かせるための方法の体系、届いた念を受け入れるか受け入れないかというコントロールの体系があります。これらは二者間の「呪」の体系です。

これに対して、個人だけによる「呪」の体系、すなわち自分で念じて、自分で自分を向上させる呪術体系があります。

さらに集団念力のように、社会が集団である種のイメージを持つことによって何かを成し遂げようとする集団の呪術体系もあります。それらが有効であるとされたことから、宗教的な団体が発生したともいえます。集団で何かを念じたり、何かを祈ったりするという団体です。

高度に発達した社会でも、ユダヤ教、キリスト教、イスラム教、仏教などのほとんどの宗教がそれに近いことをしています。場合によっては、宗教戦争まで起こします。宗教と呪術は切っても切れない関係にあり、呪術がいまだに世界を動かしているといえなくもありません。

集団で念じる力は、統制が取れて、きちんと念じられさえすれば、大勢で念じたほうが当然強くなります。宗教的な集まりは、ひとたび分裂騒動が起きると、弱体化するのはそのためでもあります。呪術を使う人たちが集団でおこなう場合には、やはり同じ価値観や理念を持っていないとうまくいきません。

●強烈な呪術の本質とは

呪術は、「自己イメージの再強化」にほかなりません。それが呪術の基本です。呪術合戦といえば、自分のイメージ最強決定戦なわけです。どれだけ自他共に楽しく役に立つ、美しいイメージを持てるかという戦いなのです。

本当にすごい人というのは、「小聖は山にあり、大聖は街に住む」といわれるとおり、街のなかで普通の生活をして、普通の人間、普通の年齢相応の生活をしながら、実はとんでもなくしっかりとした自己像を持っている人です。そうした人が、いちばんパワーが強いのです。そういう意味では「霊的常識人」ともいえる人です。

その霊的常識人たるバランスを得るためには、科学のエビデンスは意外と役に立ちます。多くの人の集合無意識（個人の領域を超えた人類の持つ普遍的な無意識）が、科学を絶対視する「科学教」を本当に丁寧に信じているから、それを逆手に取ることができるのです。

真のオカルトは、内に秘めれば秘めるほどパワーが強くなります。「いう」という呪術と「いわない」という呪術があります。これをうまく使い分けることが重要で、基本的にはいわない呪術のほうが強くなります。自分にとっては、手の内を明かしてはいけないのです。

その理由は「いう」ということは言霊（ことだま）的に相手に対する影響力は強くなるのですが、同時に相手からの反動も強くなるからです。基本的にはいわないほうが呪術は有効です。

心理戦でもこうした呪術は使われます。芸能人やスポーツ選手に多いように思います。自分を自然とカリスマ化する立ち居振る舞いができています。自分のほうが強いと思わせる呪術をよく使っているのを見受けます。彼らは「思わせ合戦」をしたりします。それによって、腹を立てたり、驚いたりしたほうが、当然、心身機能は弱くなるのです。

そうした一般的な心理戦を超えた「超心理戦」もあります。社会的な人間関係で呪術を使うときには、普通の心理戦を超えなければいけません。

その呪術の種類としては、1章でふれたように「霊を操る憑霊術（ひょうれいじゅつ）」、念じて相手を倒す、主に「攻撃的な呪詛（じゅそ）」、その呪詛から身を守る「護身術・護霊術」などがあり、それぞれに呪文、呪物、作法、結界といったプロセスの方法論があります。

それらの呪術を初めて分類したのが、イギリスの社会人類学者・ジェームズ・フレイザー（一八五四～一九四一）です。

彼は原始宗教や儀礼・神話・習慣などを比較研究した大著『金枝篇（きんしへん）』で、類似したもの同士は互いに影響し合う、あるいは同じ形のものは共鳴するという原理を使った「類感呪術」や、藁（わら）人形のように見えない力が宿ったものに呪わせる「代理呪術」が我々の世界に存在することを明らかにしました。ミイラにやってもらうとか、神様にお願いしてやってもらうのも一種の代理呪術です。

フレイザーの分類は面白いのですが、さらに、より呪術を理解してもらうために、呪術の根幹にある六つの重要なテーマについて解説することにしましょう。

●呪術の根幹にある六つの性質

古来、繰り返し使われ、現在も形を変えて使われている呪術の根幹には、六つの重要なテーマあるいは性質があります。そしてそれを意識しているか、していないかにかかわらず、人々はいまでもその呪術を使い続けています。

一つ目は、「自己像を操る呪術」です。自分、およびその人の自己像をどれだけ拡大できるか、ということであり、これはいわゆる白魔術ともいわれています。

これに対して他人に対して悪い暗示をかける呪術・黒魔術は、いかに他人の自己像を小さく感じさせるか、ということが本質なのです。

「あなた、顔色が悪いですよ、今日は調子が悪い相だね」とか、「あなた、何か心配事があるでしょう」などと不安をかき立てます。不安などネガティブな気持ちを引き起こさせるような暗示を与えます。ネガティブな言霊を相手に投げかけることによって、相手の自己像を貶(おとし)める、自信を失わせる、信念をぐらつかせる、相手を暗く感じさせる、あたかも相手が力のない小さな存在であるかのように思わせて、それらのイメージを、相手の心に植えつけるわけです。

つまるところ、しっかりとした「自己像」を確立することが、いかに呪術において大事であるかがわかります。自己像を確立することが、実は最大の呪術であるといってもいいくらいです。

どういう言葉を使い、どういうイメージを使い、どういう所作をして、どういうふうに寝て、どういうふうに起きるか――これらはどれも重要な呪術のエッセンスだということです。

二つ目は、線引きと噂のコントロールです。その人が生きている空間や立場、肩書、場所に楔(くさび)を打ち込んだり、線を引いたりして、その場所が良いとか悪いというレッテルを張る呪術です。風水の呪術がこれに近いものです。それによって、自分にとって優位な形で相手を動かすことができます。

結界という呼び方をすることもあります。自分を取り巻く環境のイメージをどのように良くするかという呪術でもあり、自力と他力の両方が存在します。他力の場合は、その人のさまざまな陰謀や罠(わな)やエゴが紛れ込む可能性があるので、注意する必要があります。自分にとって有益で、本当に有効な呪術であるかどうかを常に確認すべきでしょう。

三つ目は、嘘と本当のイメージ、正邪のイメージ、善悪のイメージを巧みに操ることです。

宗教の歴史は、いかに自分たちの教義にそぐわないものを邪や悪とし、自分たちの教義に合うものを善とするかという歴史でもありました。

多くの人が「宗教は怖い」と感じるのは、排他的な歴史を持っているからです。アメリカにはいまだにいろいろなカルト教団が特に北部にはあって、核戦争に巻き込まれたときは、自分たちの教団だけが生き残るなどと信じている人たちもいます。北部にいくと、カルト教団だけの名簿で分厚い電話帳ができてしまうほどです。なかには武装集団すらいます。なぜ武装するかというと、他の教団や政府からの攻撃やちょっかいがあることを恐れているからです。

善悪や正邪の概念は特に気をつけないと、この呪術にコントロールされてしまいます。正しいという漢字の意味は、「止」という字の上に蓋(ふた)をしていることからわかるように、どの一線で自分の心を止めるかということでもあります。暴走しやすいイメージや感情を、どの一線で止めて平らに保つか、ということの重要性を示すものが「正」なのです。

それを巧みに操る黒魔術がキャラクター・アサシネーション（陰口などで相手をへこませる）呪術です。特定のキャラクターを貶めるために捏造された陰謀論がこれに当たります。有名人について書かれたサイトを開いても、悪口がたくさん書き込まれているのをよく見かけます。そのほとんどが、根拠のないひどい中傷です。

しかも、そのような中傷を書いた人たちのほとんどが、いかに邪悪な黒魔術を使っているか理解していません。邪悪の概念もないまま、感情を暴走させることがいかに危険なことか気づくべきです。ただ自分のストレスを発散させるために他人を攻撃することが、いかに邪悪であるかを知るべきなのです。

『テラスハウス』というリアリティドラマのなかで、ＳＮＳを使った中傷による犠牲者が出たことは悲しい現実として多くの人にショックを与えました。中傷の書き込みをした人のなかには、うら若き女性をリンチにかけて殺したという認識を持っていない人間すらいるのが現状です。人間が本来持っているはずの認識が欠如している人間は、顔のない悪魔と同じ。これは絶対に使ってはいけない黒魔術です。

古来、確かにこのような呪術は存在しました。いま、その黒魔術はネット社会のなかで増幅しています。これは由々しき問題であり、多くの人々が正しい認識を持つべきでしょう。

自分のなかの邪悪の基準をきちんとコントロールして、一線で止めるのも、また呪術なのです。最後は自分が犯罪者だと気づいて、ようやく止まるようでは愚の骨頂ではないでしょうか。

顔のない悪魔たちは、最後には自分自身を蝕んでゆきます。自分から発せられた黒魔術は最後には自分に巡ってくるのです。他者批判の書き込みマニアはよくよく心すべきです。

妄想的な世界、虚言的な世界にはまり込むと、嘘と本当の区別ができなくなります。有名人や芸能人の知り合いを騙って金を巻き上げる人間もいますが、これも「妄想の世界の住人」という場合があります。心理学では「帰属エラー」などともいいますが、テレビで見ている有名人を、身近でよく知っていると信じ込んでしまうものです。

人を身近に感じたら、褒めてあげたり、称えてあげたりして、人の悪い面にはなるべくふれないようにする——それは決して意味のない行為ではありません。むしろそういう思いやりを持ちながら、近しい人に意見をいうべきなのです。他者の問題点や間違いを批判するのであれば、自分が「対案」を持っていることが必要最低限のマナーであるともいえるでしょう。

四つ目は、愛情を逆手に取る呪術です。愛するとか、何かにこだわったり執着したりするという人間の性質を巧みに利用する方法です。

愛情やこだわり、執着はそれぞれ別だという人もいますが、何かの感情が止まらなくなるという点では似た性質を持っています。「Aという人と一緒にいることがたまらなく好きだ」というのは、愛情でもあり執着でもあるわけです。

その相手が自分を好きだということがわかったうえでかける呪術が、愛情を逆手に取る呪術です。たとえば普通だったら絶対にウンとはいわない要求を突きつけたときに、この呪術を使うと、ウンといわせることができますし、無理な注文も通せるようになります。

夜の接待をする人たちの「腕前」は、この呪術からきています。「あなたは私のことが好きなのでしょ。だったらロレックスの時計、買って」「クルマを買って」「花を買ってきて」となるわけです。

極端な例では、たくさんの人に貢がせて、さらには保険金を掛けて殺してしまうなどという事件にまで発展することもあります。男性女性を問わず、そのような保険金殺人事件は過去においてたくさんありました。

外見からは、どうしてこの人を皆が好きになるのだろうと疑問に思われるケースもあります。しかし、呪術とはそういうものなのです。古来、魔女や巫女と呼ばれる人たちが持っていた呪術もそれに近いものです。

まず美味しい食事を出す。そして味の虜にする。胃袋に呪術をかけるようなものです。味覚の呪術。次に美味しい癒やしの言葉を与える。聴覚の呪術。着飾って、良い香水をつける。視覚と嗅覚の呪術。美しい家に案内する。しかし、何か気に入らないことがあると、理屈抜きで拒否する。この誘惑と拒絶を繰り返すと、簡単に術にはまることがあります。人間が意のままに操られるようになってしまう、なかなか手ごわい技です。

「魅力」は外見の美しさとはあまり関係がありません。魅力は見えない力のことなのです。英語の「チャーム」(charm)も、もともとは呪術的なことを指しました。チャームは、「お守り」のことでもあります。魅力のあるものすべてに呪いが宿っていると考え、その本質を見つめてください。美しい宝石、美しい骨董品、美しい絵画。美の世界のなかにも不思議な見えない力が混在しています。美を探求した人が呪術の世界にはまることが実に多いのもそのためです。歴史研究や学術にも目に見えない力が働きます。学問の世界に取り憑かれて、出てこられなくなる人も多いから不思議です。

愛情、こだわり、執着など感情を動かす原動力となるものには、魅力という呪術が隠されているのかもしれません。

五つ目は、暗示やトリックを利用するものです。無意識的に相手に影響を与えたり、相手を動かしたりする呪術です。近年では、横文字で「メンタリスト」と呼ばれる場合もあります。

彼らはあたかも超能力者のように、相手の心理を読み、行動を誘導します。近代の脳生理学や心理学でも、赤い服を着ている人は異性から好まれやすいといわれますが、そうした色彩などの無意識の領域の心理学的効果を利用したりもします。「吊り橋効果」という有名な心理学の効果を使えば、ドキドキしたり不安定な気持ちになったりするような状態・環境においては、目の前にいる人を好きになりやすくなるという心理を利用することもできます。

それらは人間の持っている防衛本能とも絡んでいます。吊り橋の上で電話番号を渡されると、不安定だからドキドキするのを、相手のことを好きでドキドキしているのだと脳は勘違いするわけです。お酒を飲まされたときとか、映画館の暗い環境、ディズニーランドやお化け屋敷のようにドキドキするような場所などで愛情告白されると、「愛」を勘違いしやすくなりますが、人はそれが単なる心理反応の思い込みだとは認めたがりません。

会話の最中に、相手に何も告げずに軽く三回テーブルを叩いたとします。その後で数字を思い浮かべてくださいというと、3を選ぶ確率が増えてしまうのも、人間の心理なのです。

彼らメンタリストの騙(だま)しのテクニックを見ていますと、私たちは生活のなかで、環境のなかのさまざまなシンボルやシグナルに対して、無意識的に、意外なほど大きく影響を受けてしまうということがわかります。周囲の環境の音、形、色に影響を受け続けていて、自然とそれに合わせて行動したり判断したりしてしまうものなのです。

何種類かの色のボールが入っている箱があり、たまたまグリーン色のボールを引いたところ3という数字が書いてあり、箱を置いた主催者が「はい、3番。大当たりです」といってお菓子の詰め合わせセットをくれたとします。

本人は3番で当たったと喜ぶわけです。その後しばらくしてから、別の機会に箱に入ったカラーボールを選ばせると、その人はグリーンを選択する可能性が高くなります。一度グリーンという色に、いい感情が貼りつけられていると、やはりグリーンを選びやすくなるのが人間の心理なのです。その心理を利用すれば、グリーンの洋服を買わせたり、グリーンの鞄(かばん)を買わせたりすることができるわけです。これがサブリミナル的な呪術です。

同様に、ジンクスという言葉がありますが、そもそもそういう現象が起こりやすくなるのが、人間の心理なのだといえます。

たとえば、1から10までのカードを並べたときに、3と7を選ぶ確率が日本人のなかでは高いことが知られています。日本人は奇数がラッキーナンバーだと思う傾向が強いからです。3と7は5よりも高いとされています。しかし、これは中国では当てはまりません。中国でのラッキーナンバーは偶数が多いからです。

ほかにも、日本人はじゃんけんで最初にグーを出す確率が高いとされています。だから、じゃんけんをするときに「最初はグー」といってグーを出させて、確率を平均化するのです。それは偏りをなだらかにするための呪術でもあります。「最初はグー」という儀式をしないと、最初にグーを出す確率が高くなるのです。これは手のひらを開くほうが面倒くさいからでもあります。チョキはさらに面倒くさい。そこで握るほうが簡単なので、ついグーを出してしまうのです。

催眠術の世界でも、手をまっすぐに出して、疲れると下がるという現象を利用して、手が重くなってくるという暗示をかけるものがあります。本当は疲れたので下がったとしても、催眠術で手が重くなったかのように思わせるわけです。施術者は、手が上がるという暗示はあまりかけません。重力の法則には抗えないからです。暗示にかかったと信じてしまうことによって、催眠にかかりやすくなります。これが暗示の正体です。

最後の六つ目は、相手から得たいろいろな情報を使って、その人が親や先生や環境からどのように条件付けさせられたかを観察する方法です。その観察結果を利用して、相手を操るのです。

たとえば、その人が本来持っている偏りは、話から簡単にわかります。その一つが言葉の使い方の偏りです。

「ごめんなさい」とよくいう人がいます。「早くして」とよくいう人もいます。それはある種の性格的な偏りを示しています。「O型だからね」といわれて血液型の暗示にかかっている人もいるし、星占いの暗示にかかっている人もいます。親がどういうつもりで、その子の人格を育てたのかということが、言葉遣いからわかることがあるのです。

さらに例を挙げると、「早くしなさい」「ちゃんとしなければ駄目でしょ」といった命令の出し方や親のしつけの癖で、その人の性格が変わります。

笑うとなんでもくれる親だと、表面的に笑うのがうまい子に育ちます。泣くとなんでも与えた親ならば、子供は泣くのがうまくなります。親の責任は大きいのです。親が占星術や特定の宗教を信じていれば、子も影響を受けます。これは長い時間をかけて、代々かかる呪術でもあります。ここまでいくと、先祖からの因縁といってもいいほどです。

宗教とは別に、何世代もかけてかかる呪術もあります。占星術は一〇〇〇年かかっているし、四柱推命の性格判断も四〇〇〇年以上かかっています。血液型性格判断は、できてから一〇〇年かけて、呪力を持つようになりました。血液型性格判断も最初は、捏造（ねつぞう）だったとされていますが、いまや、如実に当たるようになっています。それは私たちが、血液型性格判断の呪いにかかったからにほかなりません。要は信じたから、そのような結果になったということなのです。

以上が現在の日常生活にしばしば使われる呪術の性質的な分類です。

どれも身に覚えがある呪術だったのではないでしょうか。日本人の生活は、実はそれほど呪術から成り立っているのです。

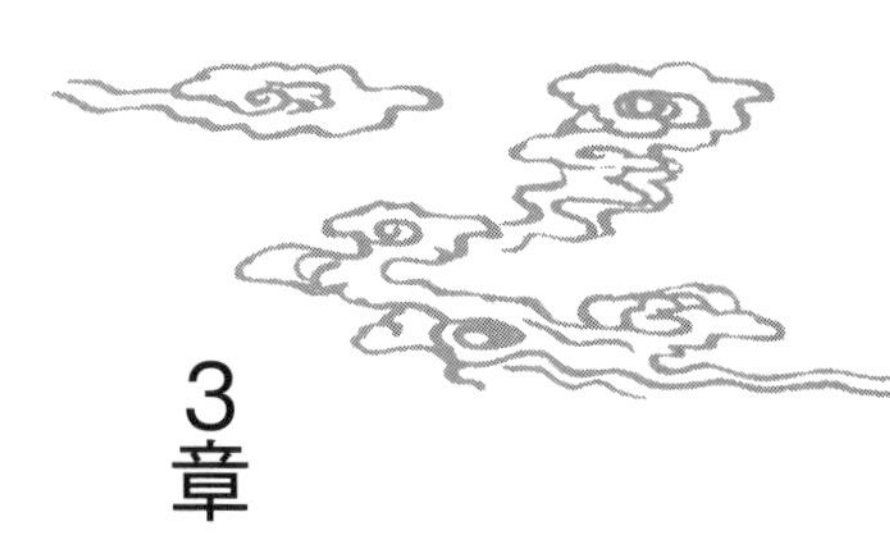

3章 日本人はどんな呪術を仕掛けてきたか

いっけん、つかみどころのない呪術ですが、1~2章で、その本質をつかみ、「呪術とは何か」というイメージができたと思います。本章では、より具体的に、古来日本人が使ってきた呪術について分類、解説していきます。

(1)呪いの藁人形

呪術の代名詞ともいうべき「呪いの藁人形」は、皆さんもよくご存じでしょう。呪いの人形は、念を届かせようとすると共に、それをブロックする体系でもありました。念じる方法とブロックする方法があるのですが、それぞれ性質が違います。

呪いの藁人形も正確にいうと、呪いをかけるための道具ではなく、代理呪術を応用したものです。藁人形に霊を宿らせて、「お前がいまいじめられているのはあいつのせいだ!」と信じ込ませて、藁人形に呪わせるという手法であり、そうすると、自分側に「呪い返し」がないわけです。この方法を代理呪術と呼びます。

悪いことでも良いことでも、念じ切るためには、一〇〇パーセントを超えるような絶対なるビジョン、絶対なる信念、絶対なるイメージがなければ念は届かず、また相手のことを熟知していないと届きにくいのです。

狐（きつね）は人間を騙（だま）すときに、人の毛穴の数まで数えるとされています。狐に化かされないために、眉（まゆ）に唾（つば）をつけるという風習は、毛穴の数を数えさせなくするための呪術返しなのです。もちろん実際に毛穴の数を数える必要はないでしょうが、面白い比喩（ひゆ）だと思います。

「人を呪わば穴二つ」といいますが、呪いの歴史を見ると、悪いことを念じるとまず両方滅びるということが大前提としてあります。人に対して念じる場合は、「良い悪い」を超えて、相手を熟知する愛情が大切です。念じるということは、どんな場合でも本当は愛情から出るものなのです。相手と深くかかわりたい、深く知りたいという愛情が根底にあります。それが裏切られたから「やっつけてやる」と変わったりするのです。

すでに説明したように、その愛憎の暴走を一線で止めるのが「正」なのです。

(2)繰り返しイメージする

もっと根本的な問題として、呪術は、**本来は悪いことを念じる作業ではなかったのです。**「呪」というのは、「繰り返し思って忘れない」ということなのです。繰り返し言葉にするとか、繰り返し思うとか、繰り返しイメージするという作業にほかなりません。その本質は忘れないという術なのです。忘れずに積み重ねること、ともいえるでしょう。呪術はある意味、歴史そのものなのかもしれません。「歴史を忘れない」ということが未来を変える念力なのです。

お百度参りは、まさにこの呪術から生まれた所作です。雨だれが長い時間をかけて石を穿（うが）つように、繰り返しイメージすることによって良いイメージが確立するのです。同時に経験値による、長い歴史から生まれた人の心の技を、全体的に「呪術」と呼ぶのです。

よく「呪術など存在しない」という人もいますが、そういう人たちがいう呪術は、人を呪ったり傷つけたりする悪いもので、「そんなものはあってはならない」という発想に基づく意見です。「科学的にありえない」という人もいます。

しかし、錬金術など科学と呪術はもともと、同根の歴史を持っています。

「科学的に解明されていないから存在しない」というのは、おかしな話です。科学がなかった時代には何も存在しなかったわけではありません。そのようなばかばかしい論法はないわけです。その科学ですら、一種の呪術を使ってきました。

科学の呪術は非常にはっきりしています。ことあるごとにオカルトのイメージを悪くして、オカルトを人々に蔑(さげす)ませるという呪術です。現代の科学は、なぜか根拠もなく、オカルトを貶(おとし)めようとすることが多過ぎます。「オカルトが生んだカルトが人を傷つけた」といいますが、「科学が生んだ兵器がその何倍もの人々を死に追いやったことには見て見ぬふりをしている」といえるのではないでしょうか。

「科学で説明しえないものは存在しない」というのは、狂信以外の何ものでもありません。傲慢(ごうまん)な論理です。たとえば、別の宇宙からきているとされるＵＦＯにしても、「現代の科学の常識では何億光年も彼方(かなた)から宇宙船が飛んでくることはありえない」と言い張る人がいました。しかし、現代の科学では説明できない方法、つまり私たちが瞬間移動としか表現しようがない技術を使ってこの惑星にきている知的生命体がいるのかもしれません。オカルトを知らない人たちの言い分を聞くと、飛行機を知らない人が飛行機のことを大きな鳥だと断ずるのに非常によく似ています。

話は脱線しましたが、「一念岩をも通す」ともいいます。それだけ繰り返し確固たるイメージを持てば、祈りは通るのです。それが呪術の本質です。

(3)唾を吐く祓い

唾を吐いて不浄なものを除去する呪術は、日本では古くからおこなわれてきました。『日本書紀』には、高天原からスサノオを追放する際、神々は唾を白和幣に、涎を青和幣につけて祓ったと書かれていますし、『古語拾遺』にも食べ物に唾を吐きかけて穢れを除去したことが記録されています。

唾液には神的な力が宿ると考えられ、冥界でイザナギとイザナミが約束事をした際、イザナギが唾を吐き、そこからハヤタマノオ（速玉之男）という神が生まれたという記述すら『日本書紀』に記されています。『日本書紀』によると、唾吐きは神聖な約束や呪文の際に用いられたらしく、天孫降臨神話のなかで、醜いという理由でニニギミコトに見捨てられたイワナガヒメはそれを恨んで、暗にニニギの皇子を指して短命になるようにと唾を吐いて呪詛しています。また、海幸彦山幸彦の神話では、山幸彦が兄の海幸彦に、なくした釣り針を返す際、呪文を唱えて三度唾を吐いたと記述されています。

唾吐きによって穢れを祓う呪術は、基本的には息吹の法という呪術と同じです。取り憑かれている人の肩のあたりに息を吹きかけることによって、魔物や邪気を取り払って、良き気を入れるという方法です。息吹は風を起こすことによって、霊的な状況を変化させるという力があるのです。記紀神話でアマテラスとスサノオが誓約をする際、剣や玉をかみ砕いて口から吹き捨てますが、これも同様です。穢れを祓う、非常に神聖な儀式の呪術として使われたのです。

唾を吐く呪術は、日本だけでなく世界中で使われています。ヨーロッパ中世の聖人伝を集成した『黄金伝説』を読んでもわかるように、西洋ではドラゴン退治に唾が使われたのは有名な話ですし、『新約聖書』の「マルコによる福音書」にも、イエスが盲人の両目に唾をつけて、両手をその上に当てると目が見えるようになったということが書かれています。ギリシャ神話や、中国六朝（りくちょう）時代の小説『幽明録（ゆうめいろく）』にも、唾を吐く呪術が紹介されています。

現代においても、日本の穢れを祓う習俗の「エンガチョ」では、エンガチョと唱えて中指と人さし指をクロスさせ、三歩下がって唾を吐く呪（まじな）いが伝わっています。世界で最もひんぱんに使われ続けている呪術ということができるかもしれません。

(4)右手と左手の呪術

「火（霊）が足りる」のが火足り手、すなわち左手です。念じて印（いん）を切るとか、念じてイメージを強化するときは、多くの場合左手を使います。女性に対して呪術を使うときも左手でおこないます。男性に対する呪術のときは右手を使います。

強く念じたいときは左手。女性に対するときも左手、男性に対するときは右手であると覚えておけばいいでしょう。男性に対してでも、強く念じたいときは左手を使います。実際に自分で体験すればわかるはずです。左手は積極性・

能動性、右手は消極性・受動性を表します。本来は、良いものを受容したり、良いものを感じたりするのに右手を使います。右手と左手はまったく霊的な性質が違います。より強く念じたいときは左手でおこなうのが基本です。

手相も女性は右手で見て、男性は左手で見る場合があります。何回も見ているうちに、ケースバイケースでどちらの手で相を見たらいいかもわかってきます。相を持っている人の因縁も影響してきますので、どちらも見て判断するのがいいでしょう。

たとえば、母方の先祖の霊力が強い場合は、相を右手で見たほうがいいのです。逆に父方の先祖の霊力が強い場合は、左手を使います。ただし父方のほうが霊力的には格が低いケースが多いので、やはり相を見るのは右手です。格が低いということは、霊的には使えないということです。それでは、思いを通せません。

思いを通せない体質でも、依存する母系の因縁を常に持っていることによって生き延びてきた人たちもいます。だから、どちらの手で見るかは、ケースバイケースなのです。

念じたものが通るかどうか、どちらの手がより効果があるか、実験してみてください。自分でやってみて、感じることです。

(5)霊感を使う

直感や霊感を使うのも呪術です。その際、霊感を感じようとしてから考えるのは間違いです。考えた末にわからなかったことを最後に霊感にたずねるのです。そのことを如実に物語っているのは、日露戦争の際、連合艦隊の作戦参謀として活躍した海軍中将・秋山真之（さねゆき）（一八六八〜一九一八）のエピソードです。ロシア艦隊の動きがわからずに困り果てた真之が、考え抜いた末に疲れ切って眠りに落ちたとき、霊夢によって動きをつぶさに知ったという有名な話が、いまでも語り継がれています。

霊感も緊張して弛緩（しかん）したときに降ってくることが多いのです。この順番を間違ってはいけません。霊感をきちんと受け取っていたら、迷いなどあるはずがないのです。霊感でたずねておいて迷うのは、本末転倒であり、せっかくの霊感を駄目にするものです。

(6) セーマンドーマン

安倍晴明の印がセーマンの五芒星、ドーマンは蘆屋道満（安倍晴明のライバルとされる平安時代の謎の呪術師）の印で、碁盤目状に印を切る格子模様、つまり九字と同じです。三重県志摩地方の海女が潜るときに、その二つのシンボルを体に身に着けます。当時、いかに晴明と道満の二つの呪術体系が二大ブランドだったかがよくわかります。マクドナルドとロッテリアのマークを入れて、海に潜っていたようなものです。それだけ有名ブランドでした。

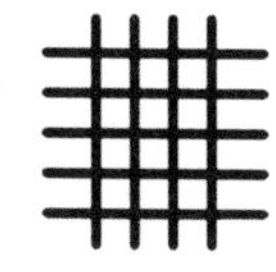

セーマンドーマン。五芒星（左）と格子模様（右）から成る

それぞれの時代の流行りもあります。流行ると呪術も呪力を増します。呪術には形があります。渦巻きとか、クロスにもそれぞれ特別な意味があります。渦巻きは循環する力を表し、クロスは見えない力を強めるシンボルです。図形そのものが呪力を持っているといえるでしょう。

(7) 九字を切る

九字は、一般的に臨兵闘者皆陳（陣）列（裂）在前の九字を使った呪術です。クロスに力が宿ることと、碁盤の目に呪術性があることからこの印を使います。平安京や平城京が碁盤目なのは、明らかにその呪術を意識しています。碁盤の目のように町を開発するのは、非常に古い呪術です。碁盤の目を意識するということは、町全体を意識することでもあります。町の隅から隅まで、社会全体を自分のイメージのなかに組み込むという呪術があります。社会を味方につける呪術です。「大地よ、町の力よ、私の味方になれ」と。

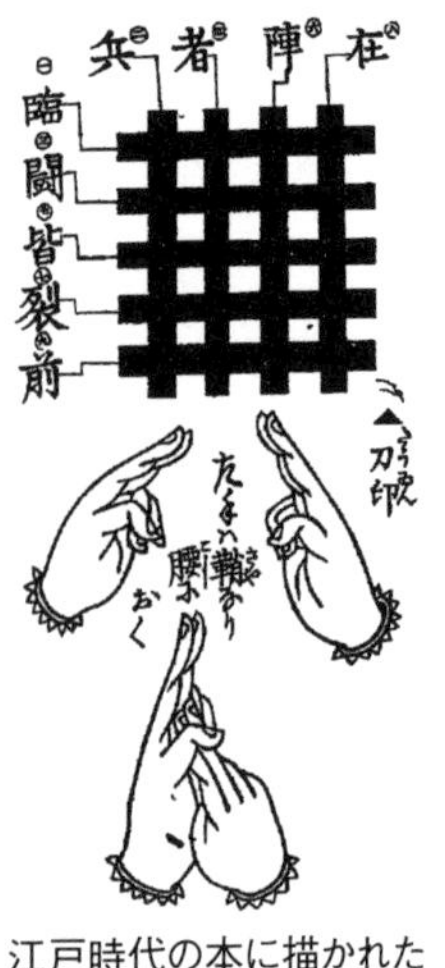

江戸時代の本に描かれた九字護身法

安倍晴明は、五芒星を描きました。単に五行（万物を成す五つの元素）と相対しているだけではありません。安倍晴明と菅原道真を霊的に透視したところ、このふたりは、思った以上に星を意識していました。菅原道真の梅のシンボルの本当の意味は、星です。梅の形が五芒星をしていることから、五芒星を梅の花にたとえたのです。梅の花に隠されたのが五芒星の呪術です。

桔梗も同じです。古代の人たちは、五芒星の形を花に隠しました。上から見たら五芒星に見えるタケノコやミョウガ、下から見たら五芒星に見える藤の花に星を隠すこともあります。家紋に花を使う一族は、たいていの場合は呪術的なことに携わっていた家系なのです。

九字も最後は「在前」でなく「前行」が正しいとされています。形も横縦ではなく、斜めに「×（バツ）」を描かなければなりません。最後の「行」で縦に一本を描きます。それ以外はダメというわけではありませんが、効果が弱くなります。

変則的な現象を起こしたいときに、九字を切ります。霊を祓いたいときも使います。この呪術を、霊は大変嫌います。臭いにおいをかがされたり、火を焚かれたり、水を掛けられたような非常に不快な感覚を覚えるようです。

「×」も言葉も、呪術を形成する要素の一部で、バッテンを描きながら、こうしたものをイメージしている人間の念に、霊は弱いのです。

図形の力が凄いのだ、という信念も必要です。その図形を描いて意識する自分の力が強いのだと信じる。あくまでも主眼はこちら側にあるのです。自分が神とつながる力の発信体として見る、「宇宙」と「私」を同列の力として見ます。呪術を本格的に使うとしたら、宇宙即我になる心が手前に備わっていなくてはなりません。ここが非常に重要なところです。

呪術のいちばんのポイントは、自分が繰り返し何を信じて積み上げるか、なのです。自分の人生は科学がつくるものでも不確かな宗教がつくるものでもなければ、神様がいちいち構ってつくってくれるものでもありません。人生は自分がつくった蓄積でしかありえないのです。自分が繰り返し信じた蓄積でしかない。つまり人生そのものが、最も自分にとって大きな呪術なのです。人生即呪術です。

呪術は気持ちの悪いオカルト的な、人を呪うための術では決してありません。小手先でやってもダメです。「宇宙的な自信」に一瞬でよいから入り込むこと、そして、後は勇気を持って宇宙の意志に委ねることなのです。

(8)結界を張る

空間を意識するのが結界です。まず、「北天」をはっきりと見定めることです。北はどこか、ということです。昔はまず北極星を探しました。パッと空を見て北極星がわかるということが大事なのです。北極星を見定めると、その反対側は南とすぐわかり、東や西もわかります。意識のなかで位置確認をすることができます。すると、安心して不安がなくなります。

そして方位を意識した途端に、その場所の霊力はあなたの心に接続され、味方となります。これが結界の本質です。

本当は、北は黒、北東は藍色、東は青、南東は紫、南は赤、南西はピンク、西は白、北東は灰色と、常に色彩と方位、八卦を意識すると理想的です。

実は「とほかみえみため」という祝詞（神道の祈り言葉）は、そのためにあります。八方位の神様の頭文字だとされていますが、要は方位とその性質を確認するための作業です。「とほかみえみため」と唱えながら、方位を意識するという呪術です。そうすることにより、「とりあえず、いま、この空間は私のためにある」という自信が持てるのです。「場」に対する自信を持つことによって、身の周りの空間に対しての接続がしっかりするわけです。

呪術で意識しなければならない最も基本的な要素は、まずは方位です。拙著『開運！ オカルト実用大全』では身体を中心に説いていますが、本書は周囲の環境の重要性も考えておくことを説いておきたいと思います。

結界で方位の次に意識するのは、身体を含めた相、自分の顔や手相です。さらには星、星座、記号、シンボル、歴史と続きます。歴史や過去を味方につけるのは非常に重要です。さらに土地と場所が大事になります。土地は土の呪術でもあります。そして山。加えて時間、暦も重要な要素です。これが結界を構成する要素です。

(9)言霊（ことだま）、音霊（おとだま）を駆使する

言霊、音霊の呪術も「いま」の心をサポートするテクニックです。言葉や音の呪術は即効性があります。ただし、言霊は時代とともに変化します。言霊の呪術性の意味が忘れられ、伝達としての言葉に変化し、さらにそれが省略され

てしまえば、呪術性はなくなっていきます。それはある面、不幸なことでもあります。周りの人を幸せにする言霊は、復活させたほうがいいのではないでしょうか。

意味が通じなくなったものは、淘汰（とうた）されるのも仕方がありません。「かたじけない」というより、いまは「ありがとうございます」といったほうがいいのと同じです。現状では罵（ののし）るときに使う「貴様」も、かつてはあなた様という目上の人に対する敬称でした。おそらく頭にきているときほど丁寧語で話すという術も背景にはあったと思います。「あなた様はお戯（たわむ）れでございますか」というわけです。

また音霊では、音階の「ラの高音部」と「うねり」が重要となります。うねりは自分も相手も神懸（かみが）かります。うねらないと霊的なものとつながりません。

三味線の音がうねるようになったのは、津軽三味線が最初です。それはわずか一〇〇年くらい前です。ある津軽三味線の大物と巫女の後継者が東北で結婚して生まれました。巫女が鳴らす梓弓（あずさゆみ）のうねりを三味線に取り入れたのです。三味線はそこから変わりました。うねりの音を聞くのがかなり重要です。

雅楽の笙、梓弓、三味線、琴は、すべて霊的な道具です。尺八などはうねりそのものの管楽器です。すべて霊的な力に彩られています。カンツォーネやオペラもうねりで、パイプオルガンも背骨に響く音のうねりがありますし、西洋にも霊的な力を音や振動で招こうとする発想があります。

呪術の根幹には、非常に重要な要素として「音」があるわけです。ラの音を大事にして、うねりを大事にすることです。ラの音でうねったら、五分もあれば皆、神気ともいうべきヒーリングパワーが宿ります。霊的能力が出てきます。これがいちばん簡単な方法かもしれません。

実際、音楽では、ラが国際基準音です。ラの音に耳が慣れなければ、ほかの音程をつかめません。ラ音のうねりの声を上げながら、太陽に喉を晒すという方法が、かなり効果的な呪術として知られています。

和歌や短歌を独特のうねりで詠む方法もあります。霊的な勘をお互いに高め合うための儀礼であったと思います。日本の伝統的な呪術の真骨頂です。

詩吟にもそうした面が残っています。百人一首などカルタをして、お正月に神懸かる。祝詞をうねりで唱えて、神懸かる。経文をうねりで唱えて神懸かる。

これらはすべて日本の伝統的な強力呪術なのです。

⑽影や映像に術を仕掛ける

私が子供の頃流行った忍者漫画などで、地面や水溜りに映った相手の影や映像を、投げた手裏剣で打ちつけて相手を動けなくするという忍術を紹介していました。神道でも、鏡に映った自分の姿を直視して、自分自身を変えていく「御鏡御拝之行法」があります。実は影や映像を使った呪術は驚くほど多く存在します。宮地神仙道という神道系の宗派にも、衣類や足跡に術を仕掛ける呪術があります。足形に釘を打つとか、人の影を槍や刀で突くとその人は病気になるとか、枚挙に暇がありません。

どうして影と映像を使った呪術が多いかというと、藁人形を使った呪術と同じで、相手のことを強く思い描けるからです。藁人形の呪いでも指摘しましたが、相手のことを強くはっきりとイメージできるかどうかが、この呪術のカギとなります。当然、呪いではなく祝福の呪術でも同じことがいえます。明るい、楽しい未来をいかに具体的に思い描けるかが重要です。

影と映像のほかに、その人の食べ残し、髪の毛、爪、名前、呪文などを使う場合もあります。一種の代替呪術であると見ることもできます。

⑾昆虫や爬虫類を使う

いわゆる蠱毒法と呼ばれる呪術で、蛇、ガマガエル、蜘蛛、ムカデ、線虫類などを使います。それらは怖さと、不気味さの強いイメージを形成します。日本の御伽噺の『一寸法師』の鬼退治の話は、魚の寄生虫であるアニサキスを使った呪術が背景にあるように思われます。鬼の口から体内に入って、胃を針で刺すというのは、アニサキスの症状そのものだからです。

重要な呪術では蚕も使われます。高価な錦の織物を食べさせた「金蚕」という食錦虫を使って、祈りを通させる金蚕蠱という呪術もあります。特別な霊力を持った蚕とされ、蓄財などの効果も絶大だとされています。

しかし、一度飼ったら別れることができなくなり、どちらが飼われているかわからない状態になるともいわれています。唯一の別れ方は、金蚕によって得た金銀財宝と共に金蚕を入れた箱を道に捨て、それを誰かが拾って家に持ち帰ってもらわなければなりません。

強い呪術を使うには、それなりの代償を払わなければならないということのたとえです。

⑿降霊・招霊術

神霊を呼び出したり、神懸かったりして、目に見えない世界と交流する呪術があります。すでに言霊・音霊のところでも紹介しましたが、特定の音やリズム、形を使うと、目に見えない世界と交流することが容易になります。

たとえば梓弓を使うことは、日本では天皇家などで古くから使われてきた神懸かりの方法です。

幕末から明治期にかけて馬場武憲が備忘録として書いた『神事畧式』には、霊媒が神懸かりに使う梓弓のどこにどの神が宿るかを記した図が描かれています。七星神、月弓尊、天照大御神と交流するときに、それぞれ弓幹のどの部分を持つ、あるいは叩くと良いかが記されています。スサノオを呼び出すときは弦の部分です。

どこを持って（あるいは叩いて）音を出すかによって、懸かる神様、出てくる神様も違うわけです。非常に珍しい神道系の秘伝書です。

⒀神の力とつながる

招霊や神懸かりをして神と交流する方法とは別に、神の力とつながり、その力の一部を使わせてもらうという呪術もあります。その一つの方法が、曼荼羅（まんだら）を描くことです。

中山太郎の『日本巫女史』には、巫女が自動書記で描いたという曼荼羅が掲載されています。円の周りには一見すると植物の絵柄の装飾が施

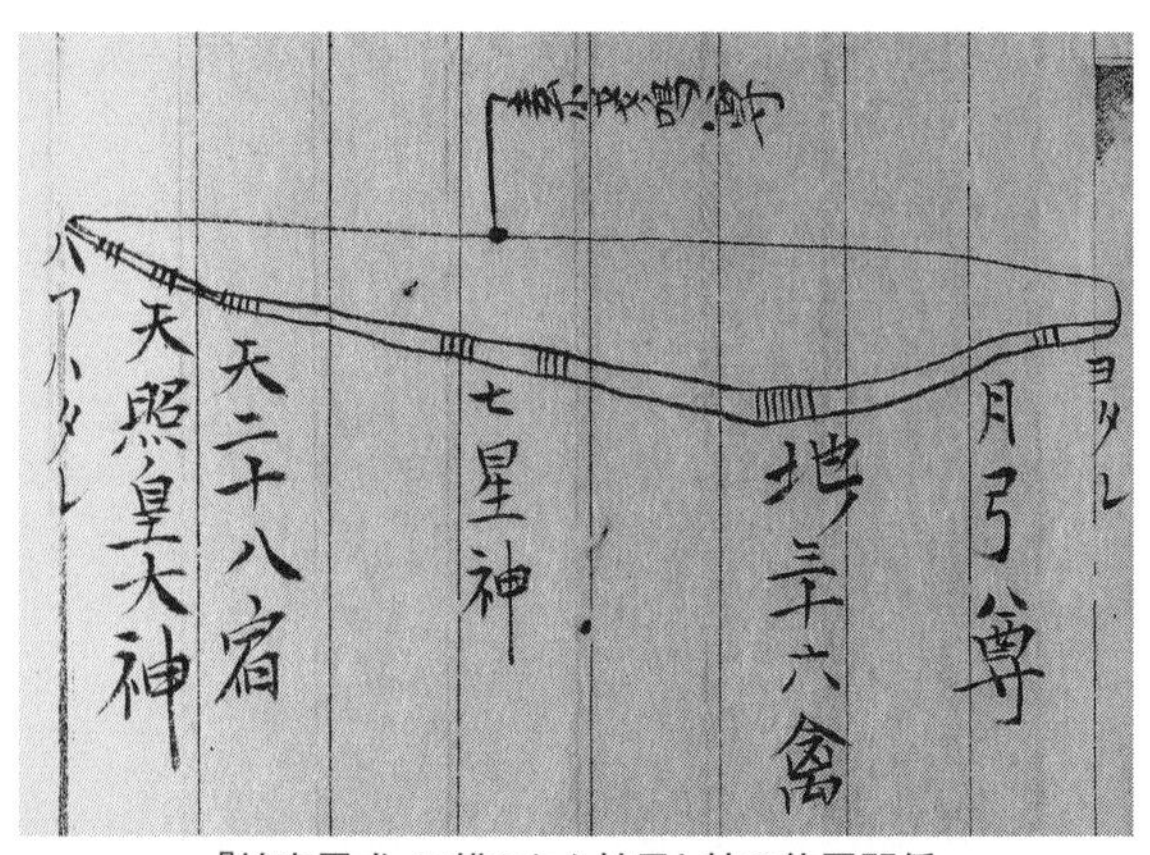

『神事署式』に描かれた梓弓と神の位置関係
（マインドアンティーク博物館所蔵）

『日本巫女史』に描かれた、宇宙パワーを宿した曼荼羅
（マインドアンティーク博物館所蔵）

されているように見えますが、近くでよく見ると、無数の人間の顔が描かれていることがわかります。このように緻密で壮大な宇宙を描いた曼荼羅は、宇宙のパワーをそこに宿らせる働きがあります。巫女が神懸かりながら自動書記をするということは、神そのものを曼荼羅に込めるということです。

曼荼羅は呪術そのもので、単に世界観や宇宙観を描いているわけではありません。もちろん結果的には神を描いていることになりますが、言い換えると神の力をそこに封印したのだともいえます。

仏教系の本である千葉弘観の『天候六尊秘宝（一）』には、神様と地上の因縁を表す図が描かれています。イザナギとイザナミの因縁が子供にどのようにめぐっていくかがイメージとして示されているのです。神様の徳がどうやって下々の者に伝わっていくかをアーティスティックに表現しています。

神秘的で珍しい図ですが、これも神の力を身近に感じるための呪術といえるでしょう。

小泉君英が明治期に書いた秘伝書『祈祷禁厭伝授書』には、人間の胸に「霊妙」があることが図で示されています。いまでいえばチャクラのようなもので

『天候六尊秘宝（一）』に描かれたイザナギとイザナミの呪術
（マインドアンティーク博物館所蔵）

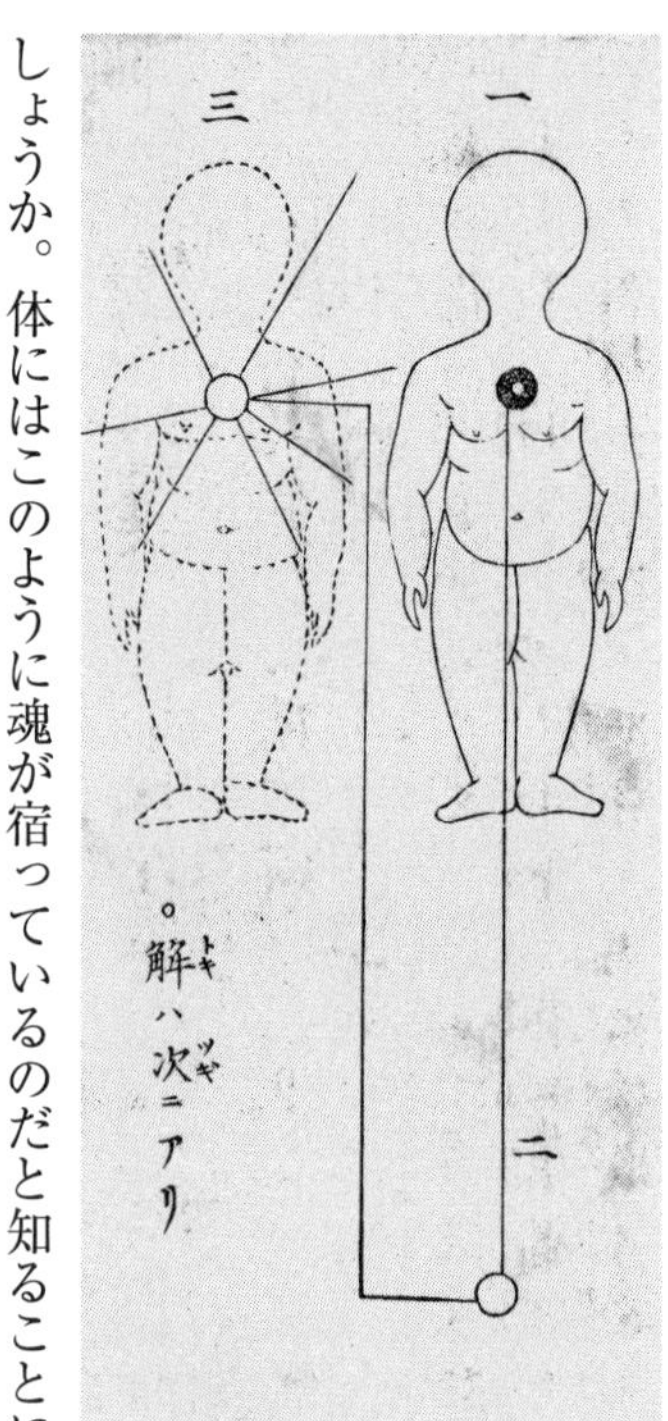

『祈祷禁厭伝授書』に描かれた霊妙
（マインドアンティーク博物館所蔵）

しょうか。体にはこのように魂が宿っているのだと知ることによって、霊的な力をイメージしやすくなります。

イメージを使って神霊の力とつなぎやすくする神人感通の呪術を解説したと見られる本としては、明治期に書かれた『心学図解全書（伝書）』があります。作者は不明ですが、心の分野の哲学を図版で明らかにしながら、神人感通はこうして起こるということを図で表したりしています。天と地があって、いろいろな生き物がうごめいている天地人のシンボル図もあります。

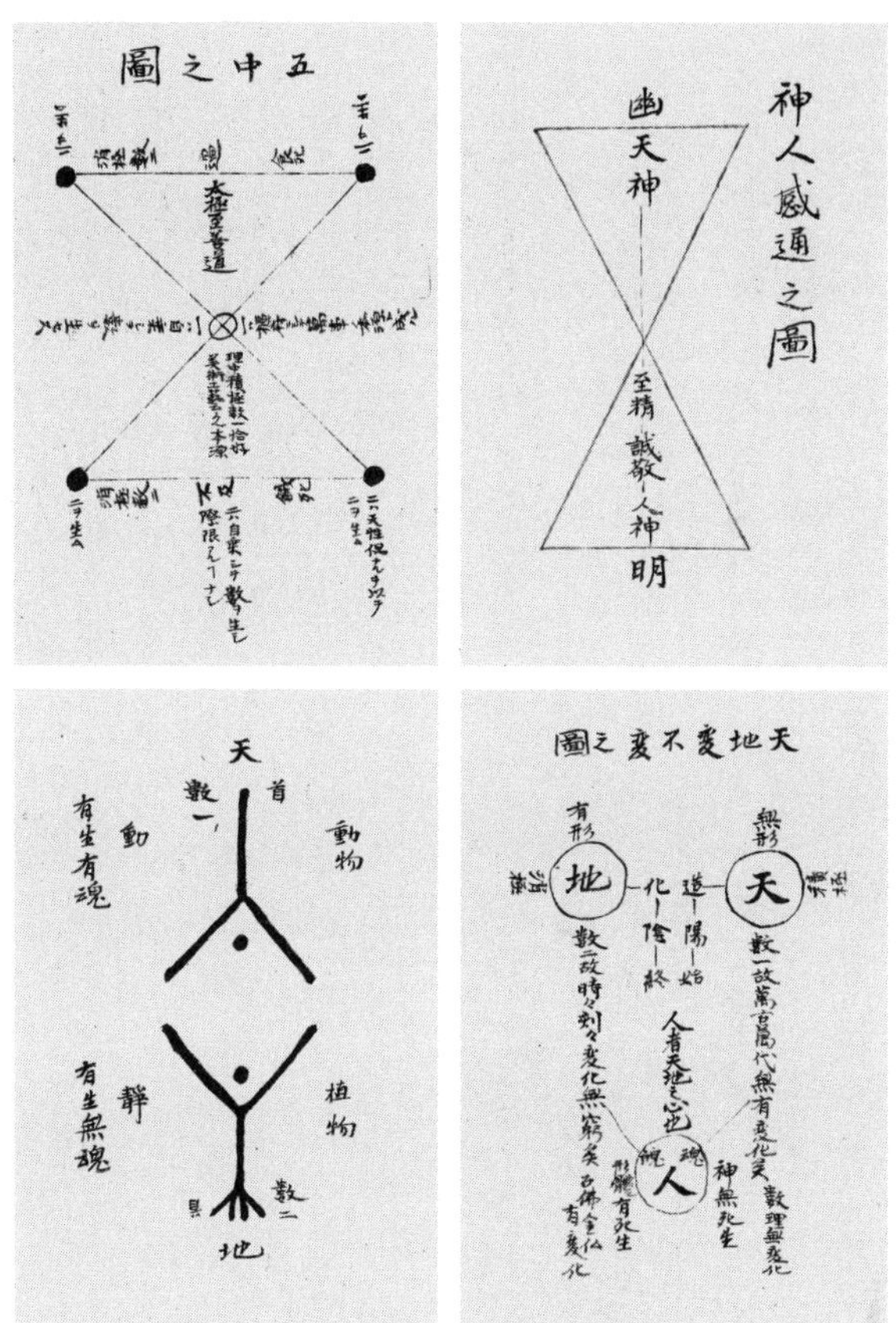

神人感通を説明した『心学図解全書(伝書)』
(マインドアンティーク博物館所蔵)

富が増えてゆくことを示した「造富の図」、易経のなかでも秘中の秘とされている「先天の図」なども掲載されています。先天の図は数が魔法陣になっており、対極の卦が持つ数を足すと九になっています。いずれも宇宙が持つ目に見えないエネルギーの流れを、イメージとして図式化したものであると見ることができます。

⑭シンボリックな道具を使う

神霊の力を使うために、木簡や木剣といった道具（呪具）を使う場合もあります。木簡や木片に自分の願

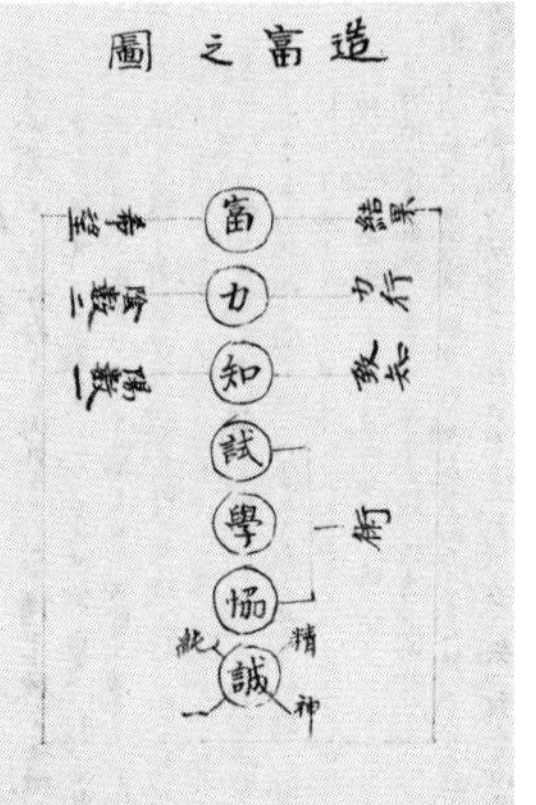

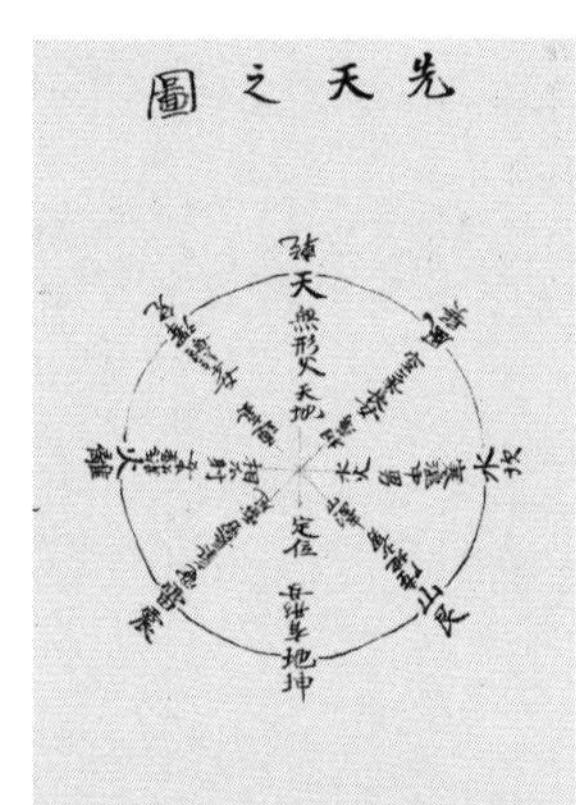

『心学図解全書（伝書）』の「造富の図」と「先天の図」
（マインドアンティーク博物館所蔵）

いや神様の名前を書き込んで、自分の望むイメージを刻み込むわけです。木簡を人の形にした呪具も見つかっています。

大正時代に書かれた西村天籟の『交霊祈禱術極秘皆伝』には、鬼子母神や大毘沙門天王、大持国天王などと書かれた木剣が紹介されています。悪い霊を払うために白桃の木でつくられている「さぐり木剣」、祈るための祈禱木剣、神懸かった人を鎮める木剣などが描かれ、どのような呪文や神の名を書いたらいいかが克明に記されています。霊を払うための呪文も木剣に書き込まれています。

木簡と同様に紙もよく使われます。安倍晴明を代表とする陰陽師がよく使ったことが知られていますが、人形にくり抜いた切り紙に「鬼神」「式神」と呼ばれる神霊を憑依させ、意のままに操ったとされています。一三世紀前半頃に成立した日本の説話物語集『宇治拾遺物語』にも安倍晴明が式神を使ってカエルを殺した話が紹介されています。同書には、相手が仕掛けてきた式神を相手に送り返す呪詛返しの方法についての言及もあります。

神霊を憑依させる呪具としては、ほかに土器、頭髪、餅、爪などが使われました。

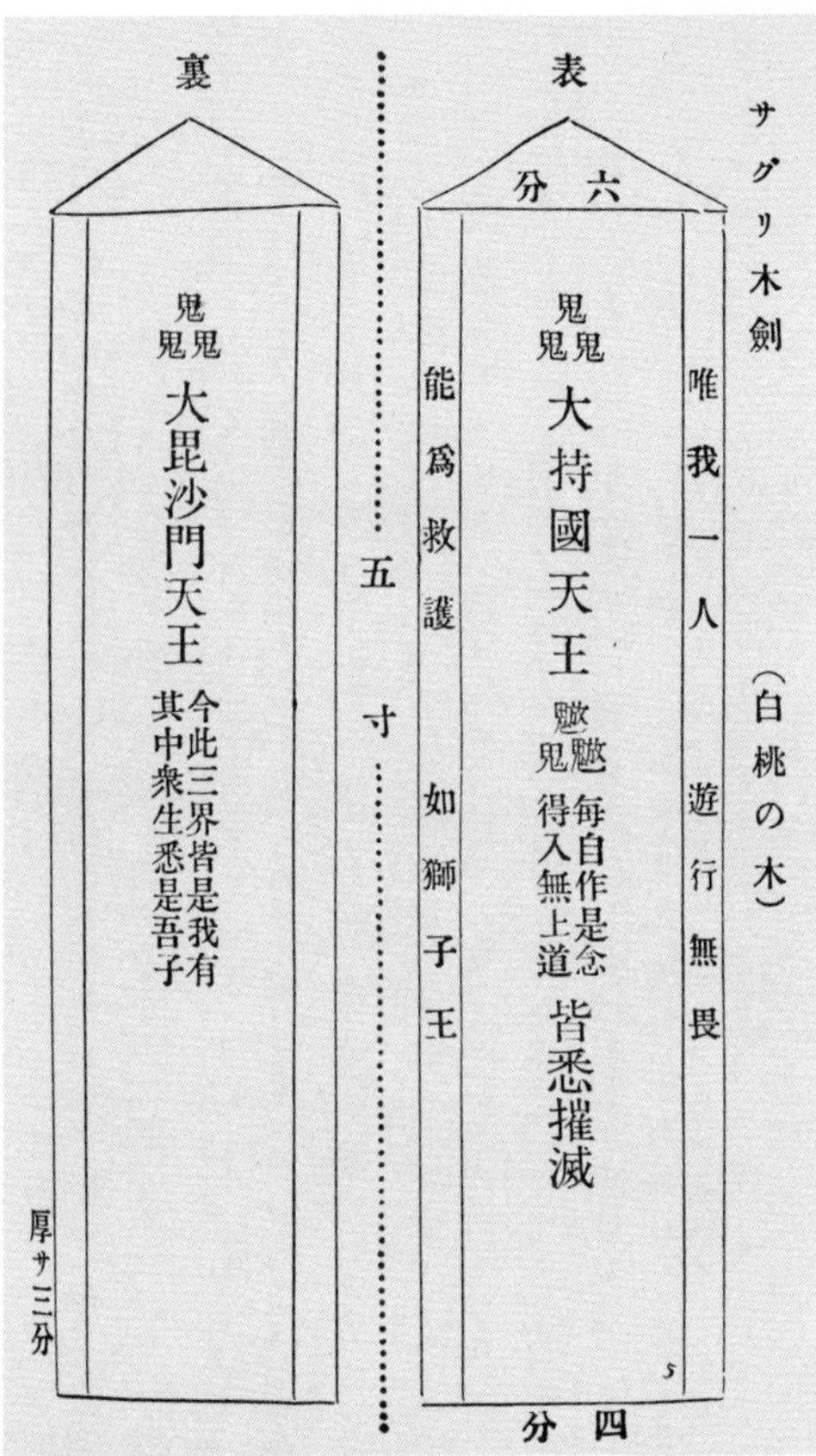

『交霊祈禱術極秘皆伝』に描かれた木剣の呪術の図
（マインドアンティーク博物館所蔵）

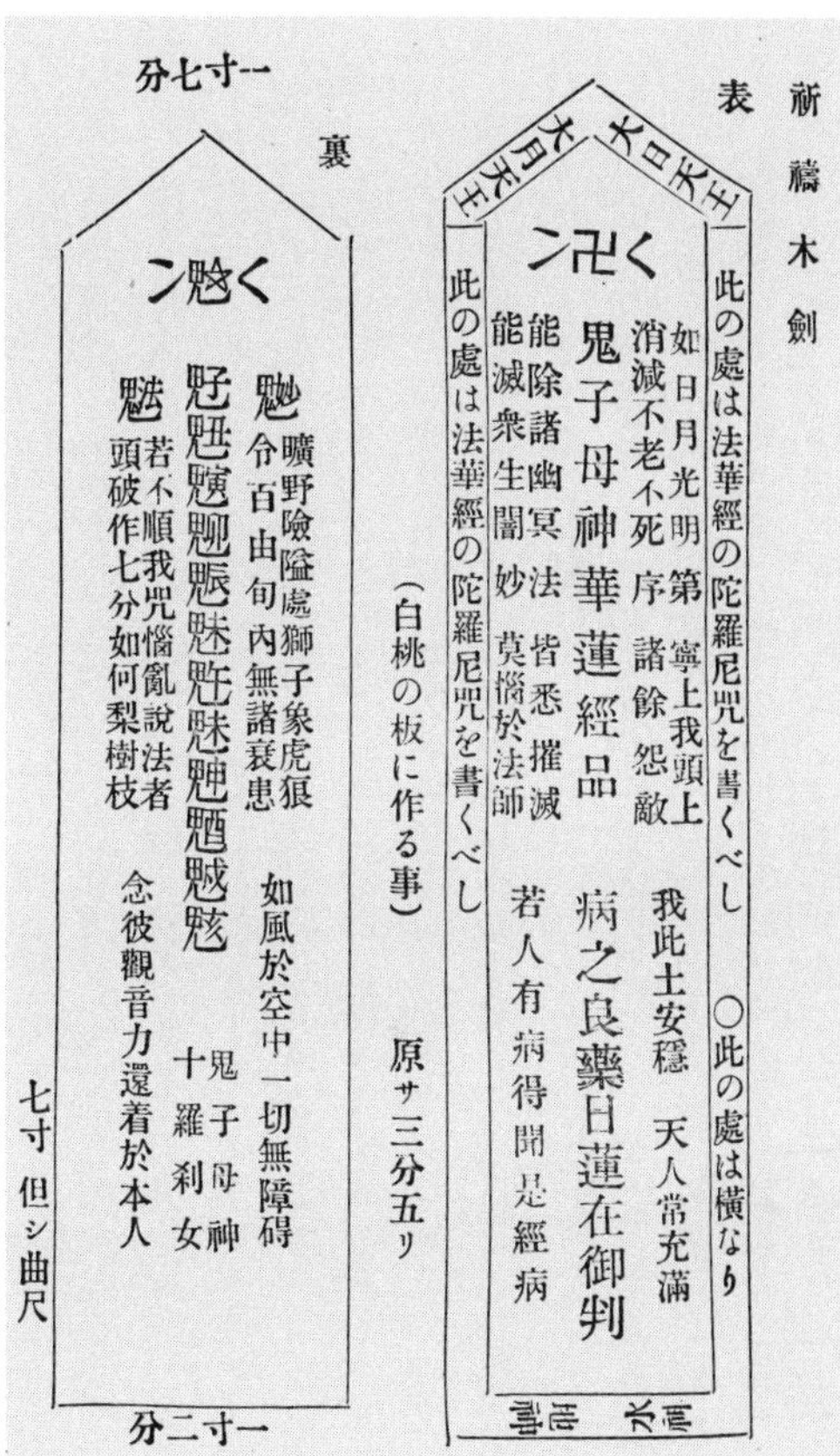
祈禱木剣
表
大日天王
大月天王
此の處は法華經の陀羅尼呪を書くべし
○此の處は横なり
如日月光明
消滅不老不死
鬼子母神華蓮經品第
序
諸餘怨敵
寧上我頭上
我此土安穏
天人常充滿
病之良藥日蓮在御判
能除諸幽冥
能滅衆生闇
法
妙
皆悉摧滅
莫惱於法師
若人有病得聞是經
病
此の處は法華經の陀羅尼呪を書くべし
（白桃の板に作る事）
原サ三分五リ
一寸七分
裏
曠野險隘處獅子象虎狼
令百由旬内無諸衰患
如風於空中一切無障碍
鬼子母神
十羅刹女
若不順我咒惱亂説法者
頭破作七分如何梨樹枝
念彼觀音力還着於本人
七寸 但シ曲尺
一寸二分

⒂形や数で神霊を呼び寄せる

神霊を呼び寄せる呪具としては、形や数も重要な役割を果たします。すでに紹介したように人形の紙、土器などの容器、桃や餅などの丸いもの、榊(さかき)や箒(ほうき)などの枝が分かれているものが神霊を憑依させやすいとされています。ガマガエル、鼠(ねずみ)、烏(からす)などの動物や生物を呪具として使う場合もあります。

面白い形では、ベル形があります。西洋では「ギラルディウスのベル」と呼ばれる金属製のベルが有名で、神の名を指し示すテトラグラマトンの文字や七惑星の記号が彫られています。最終的にはベルを鳴らすだけで、神霊を呼び出すことができるとされています。

日本独自に発達した、神霊の力を宿らせる呪具としては、印判(いんばん)があります。江戸時代に書かれた『印判秘訣集』は、どのような花押(かおう)(自署)がいいかを示した一覧表がついています。武士の花押がどのような不思議な力と相対して、どういう運気を持つかなども記されています。その基準値になっているのが、釈迦の印鑑とされる花押です。また、あるルールで数字を花押に書き込むと、霊的な力が宿るとされています。近代の印相学の基になった本です。

数字に関しては、俗に三角護摩を使った「六字経法」などの呪術が存在します。六字明王の図像を掛けて、護摩壇と三角形の護摩炉を設置します。あらかじめ容器にいれておいた天狐（鳶）、地狐（犬）、人形（呪う相手）の形をした「三類形」（主に紙製）を各七枚、計二一枚を、真言を唱えながら護摩炉にくべて焼きます。

似たような呪術で、「軍勝秘咒」があります。正三角形の修法壇をつくり、その中央に正三角形の護摩炉を置いて祈ります。三角形を使うわけです。

これらは密教の地狐（犬）を使う呪術で、太平洋戦争中に日本政府がアメリカ軍に仕掛けたともいわれています。靖国神社で、この三角護摩を焚いたという話があるほどです。

同じ数を使う呪術でも、道教の儀式で使われる歩行の技法「禹歩」は非常にユニークです。ツルが歩くように、ゆっくりと歩くという秘法で、一歩ずつよろめくように歩いたりします。どういうリズムで何歩歩くかで術をかけるのです。気功や太極拳のなかにも取り入れられています。

金姓人爲忠切雄逆反腄

爲雄 父 土 十二畫

忠腄 母 火 八畫

父字爲五冗水姓金姓人金生水相生故大吉祥也

四同音和例也　四震辰大命風畫也

金姓人滿之切湄逆反纂

滿眉 父 水 十六畫

之纂 母 金 四畫

皈納眉字五冗水姓金姓人金生水故相生大吉也

通韻例也　四震辰大命風畫也

金姓人應親切因逆反稱

應因 父 土 十七畫

親稱 母 金 十六

皈納因字五冗水姓金姓人金生水相生故大吉也

異位音和例也　一乾天長地久畫也

金姓人門眞切珉倒反尊

門珉 父 水 八畫

眞尊 母 金 十二畫

父字門字五冗水生金姓人金生水相生故大吉也

異位音和例也　四震辰大命風畫也

花押の呪術を示した『印判秘訣集』（マインドアンティーク博物館所蔵）

●水姓人趣命切淨逆反務

趣 淨 父 金 十五畫
命 務 母 水 八畫

皈納淨字七穴金姓水姓人金生水相生故大吉也

●正憑切例也　七良富貴高名畫也

●水姓人昭因切眞逆反幺

昭 眞 父 金 九畫
因 幺 母 土 六畫

皈納眞字七穴金姓水姓人金生水相生故大吉也

●正憑切例也　七良富貴高名畫也

●水姓人前命切淨逆反緜

前 淨 父 金 九畫
命 緜 母 水 八畫

皈納淨字七穴金姓水姓人金生水故相生大吉也

●正憑切例也　一乾天長地久畫也

●水姓人聖賢切先逆反脛

聖 先 父 金 十三畫
賢 脛 母 土 十五畫

父字聖九穴木姓水姓人水生木故相生大吉也

●類隔例也　四震太命風畫也

基本型としては、最初は両足を揃えて立ち、左足、右足の順に前にゆっくり進みます。三歩目は前に出た右足に左足を揃えて止まります。今度は、右足、左足の順にゆっくり歩きます。そして三歩目は前に出た左足に右足を揃えて止まります。つまり三歩目ごとに両足が揃います。これをワンセットにして、同様な歩行を続けるのが禹歩です。

「禹」という字は、ウサギではなく、古代中国の伝説上の聖王のことです。黄河の治水で功績を上げましたが、途中で怪我をして足を引きずって歩くようになりました。その聖王の歩き方が「禹歩」のいわれとされています。

数に関しては、神社参拝の際の柏手を何回打つかも呪術です。二回打つ神社と四回打つ神社がありますが、つながる神が異なると、柏手の回数も違ってくるわけです。

⒃相を読み取る

呪術のなかで最も広く使われるのが、手相、顔相などを見て、その人の運命や未来を読み取る相術です。それが可能なのも、人間の相と運命には科学や論理では推し量れない、神秘的な力や法則が介在しているからです。神秘的な力を利用するのが呪術であるなら、相術もまさしく呪術にほかなりません。

相術のなかでも、特に興味を引かれるのは、手相を皺ではなく指紋で見る指紋学です。大正時代に出版された福田常水の『福田流最新指紋学』を読むと、手のひらや指紋で渦巻きがどのような順番でどのように巻いて、どれだけ渦巻きの数があるかを調べることによって、その人の運勢を見ています。

それぞれの手のひらの場所にどのような意味があるか、八卦の図形を相対しています。このように八卦を使って渦巻き紋がどこに何本あるかによって、その人の運命を見ることができるわけです。

江戸時代に出版された蘆塚斉の『手相即座考』では、手のひらに出る幾何学的な模様やパターンを網羅して、それぞれの運命や性格を分析しています。昭和期に記された尾栄大観『手相術』は、手相を年齢別に見る場合にはどのように見るかとか、江戸時代中期の気色観相の名手・水野南北などの古い本の面白い図形を人相学として集めて一冊の本にしたものです。これ自体が幻の書となっており、相術では最高峰の本だとされています。

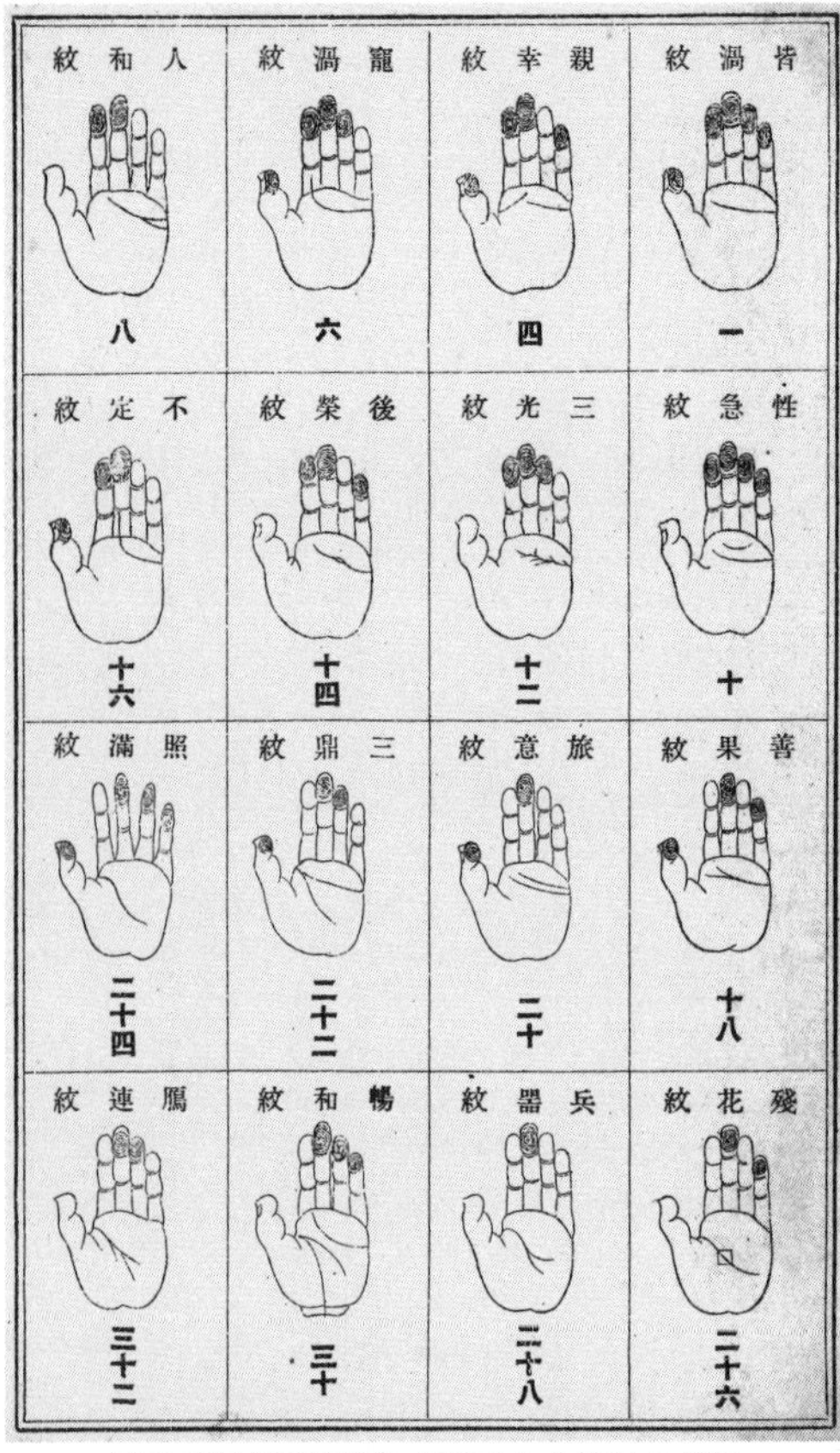

『福田流最新指紋学』に描かれた指紋の相術
（マインドアンティーク博物館所蔵）

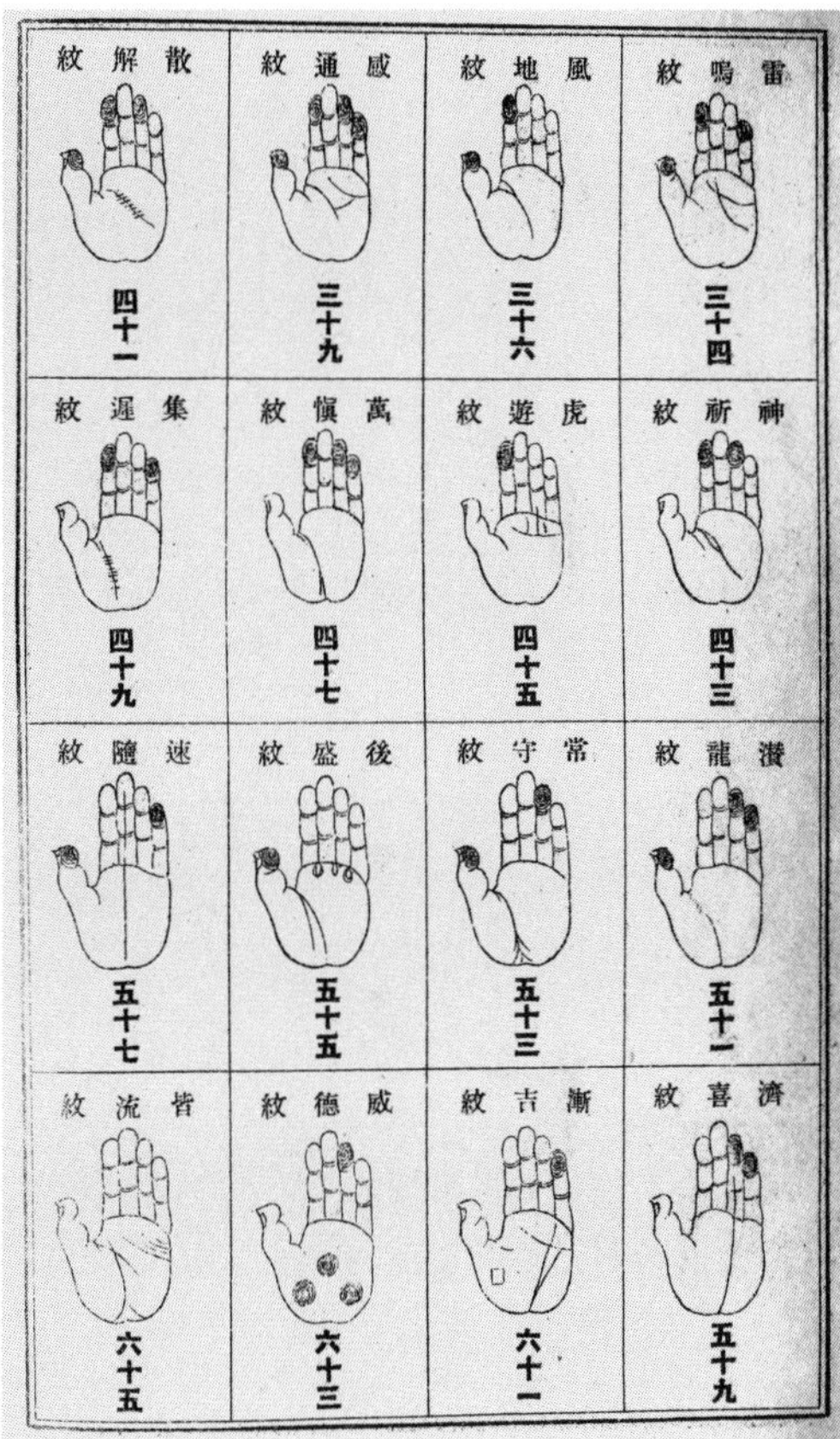

雷鳴紋
三十四
風地紋
三十六
感通紋
三十九
散解紋
四十一
神祈紋
四十三
虎遊紋
四十五
萬愼紋
四十七
集遅紋
四十九
濳龍紋
五十一
常守紋
五十三
後盛紋
五十五
速隨紋
五十七
濟喜紋
五十九
漸吉紋
六十一
威德紋
六十三
皆流紋
六十五

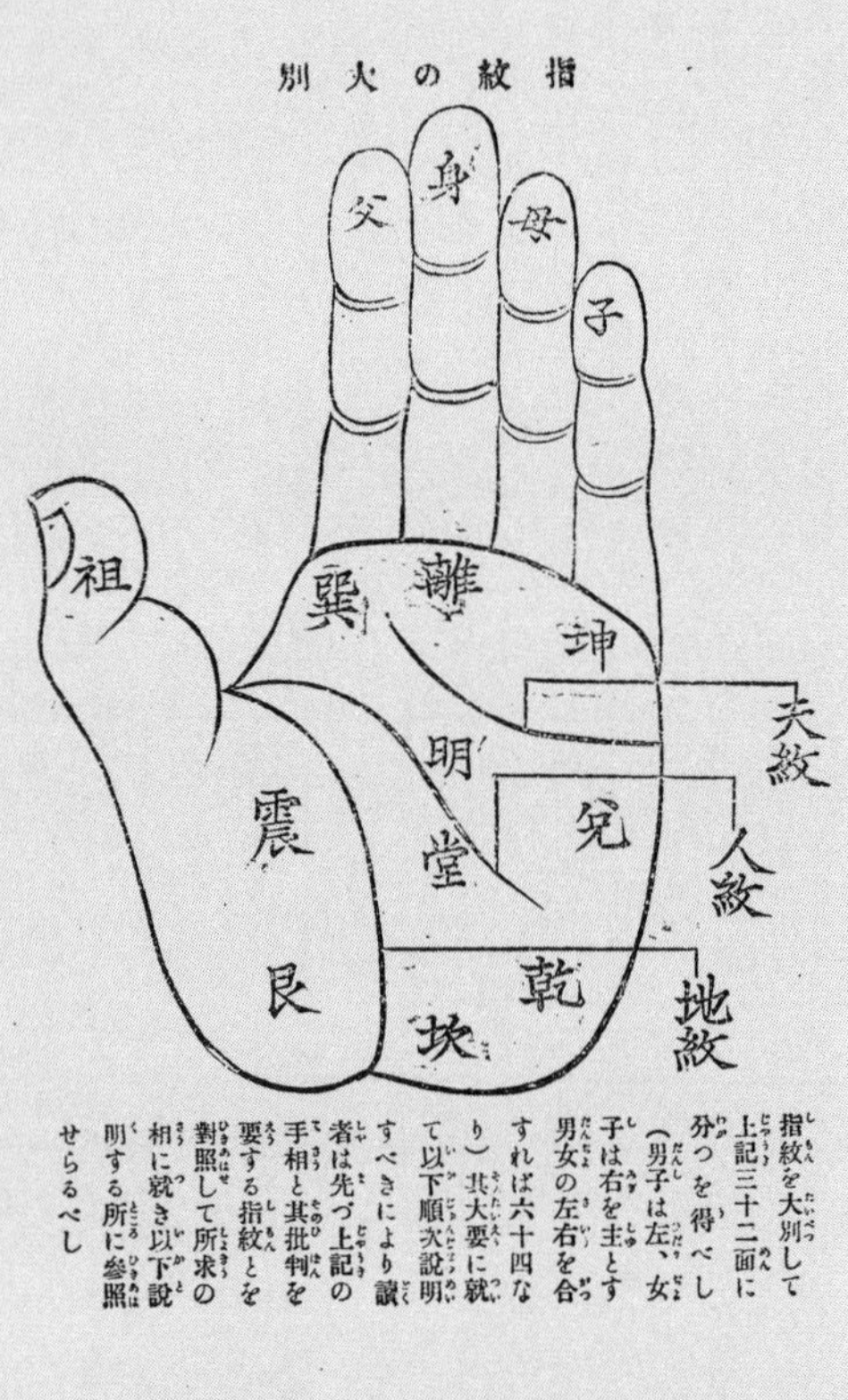

『福田流最新指紋学』に描かれた手のひらと八卦の関係
（マインドアンティーク博物館所蔵）

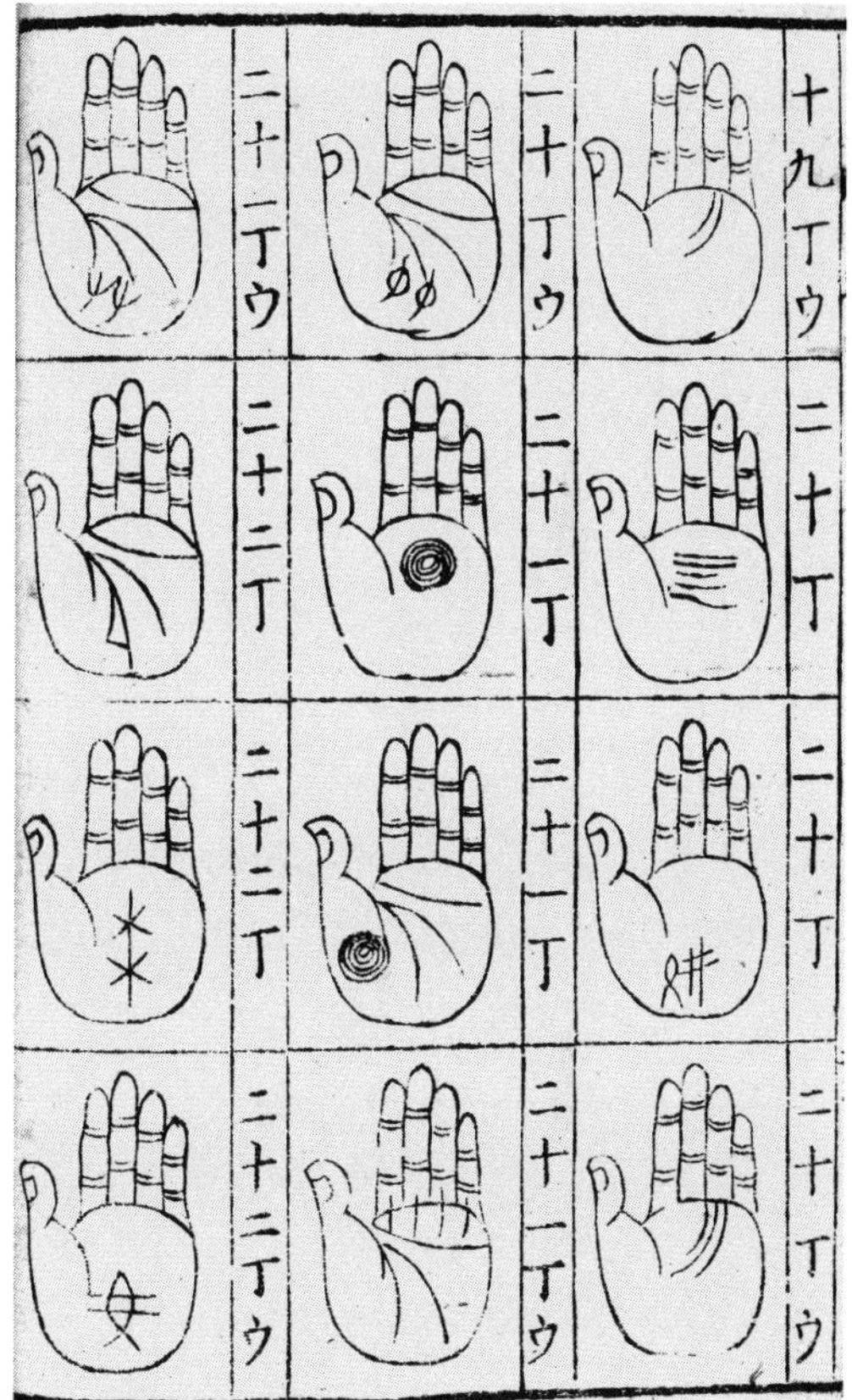

『手相即座考』に描かれた、手のひらの幾何学模様の読み方
（マインドアンティーク博物館所蔵）

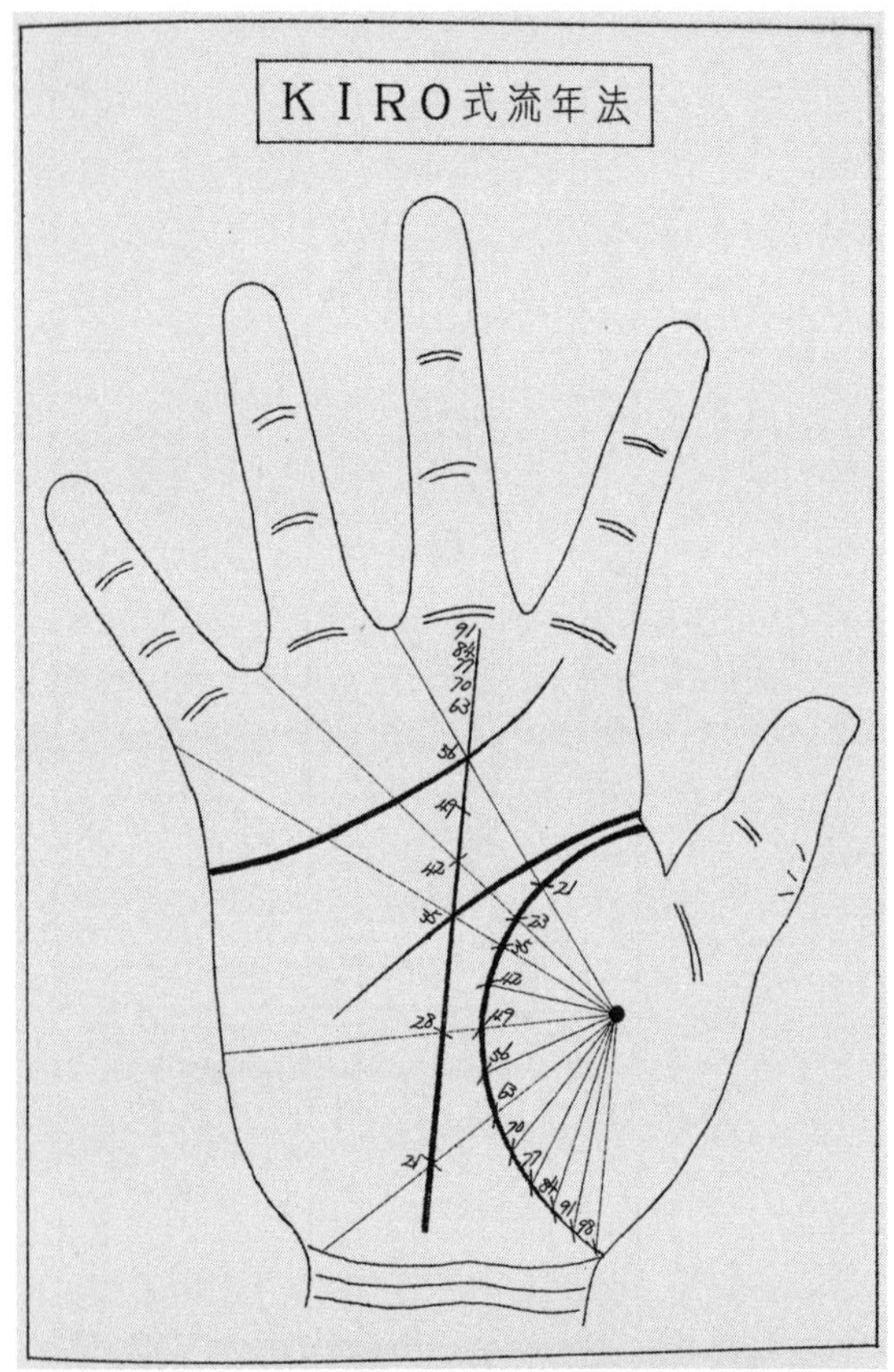

江戸期までの東西の叡智を集大成した最高峰の書『手相術』
（マインドアンティーク博物館所蔵）

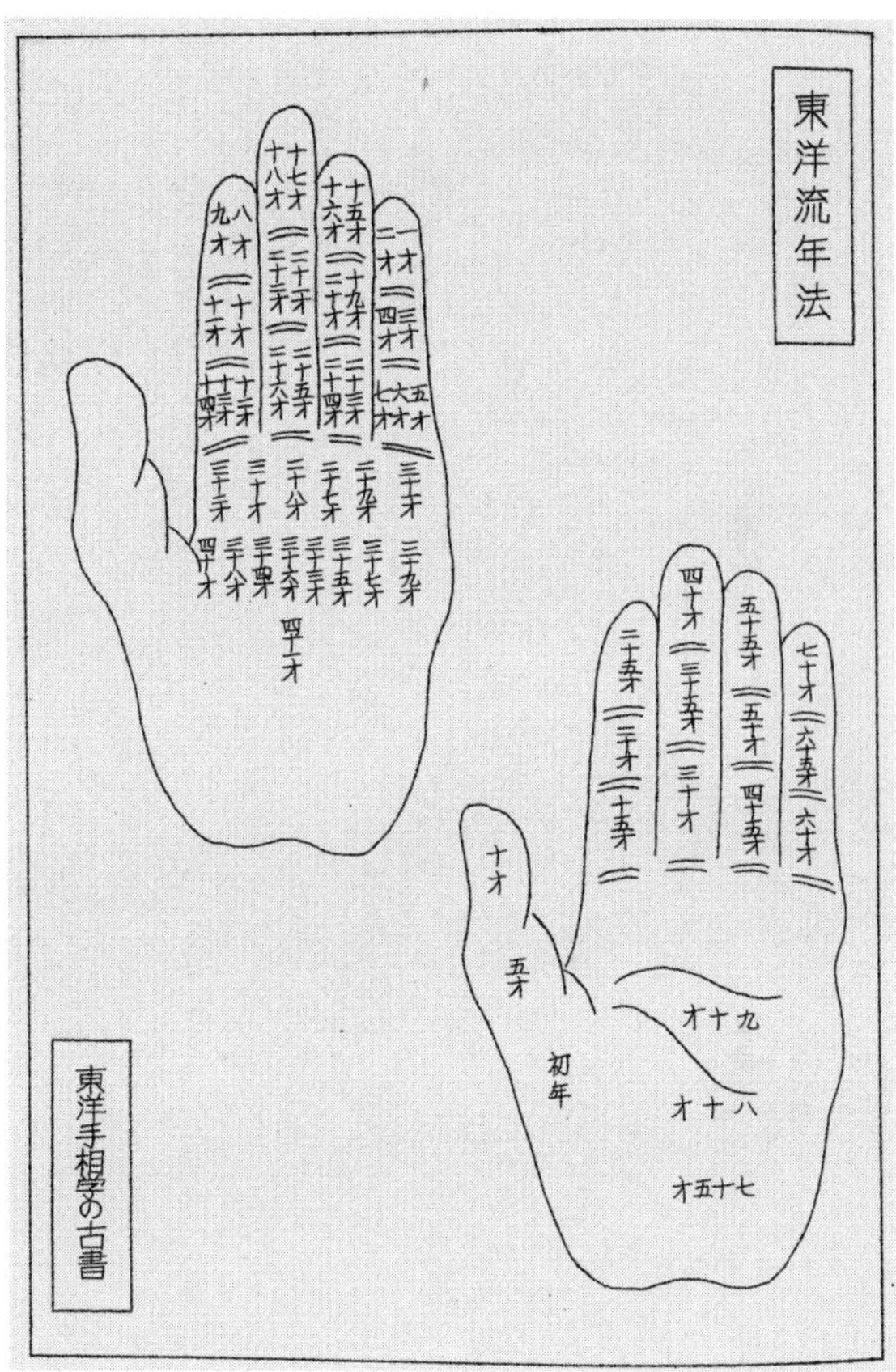
東洋流年法
初年
東洋手相学の古書

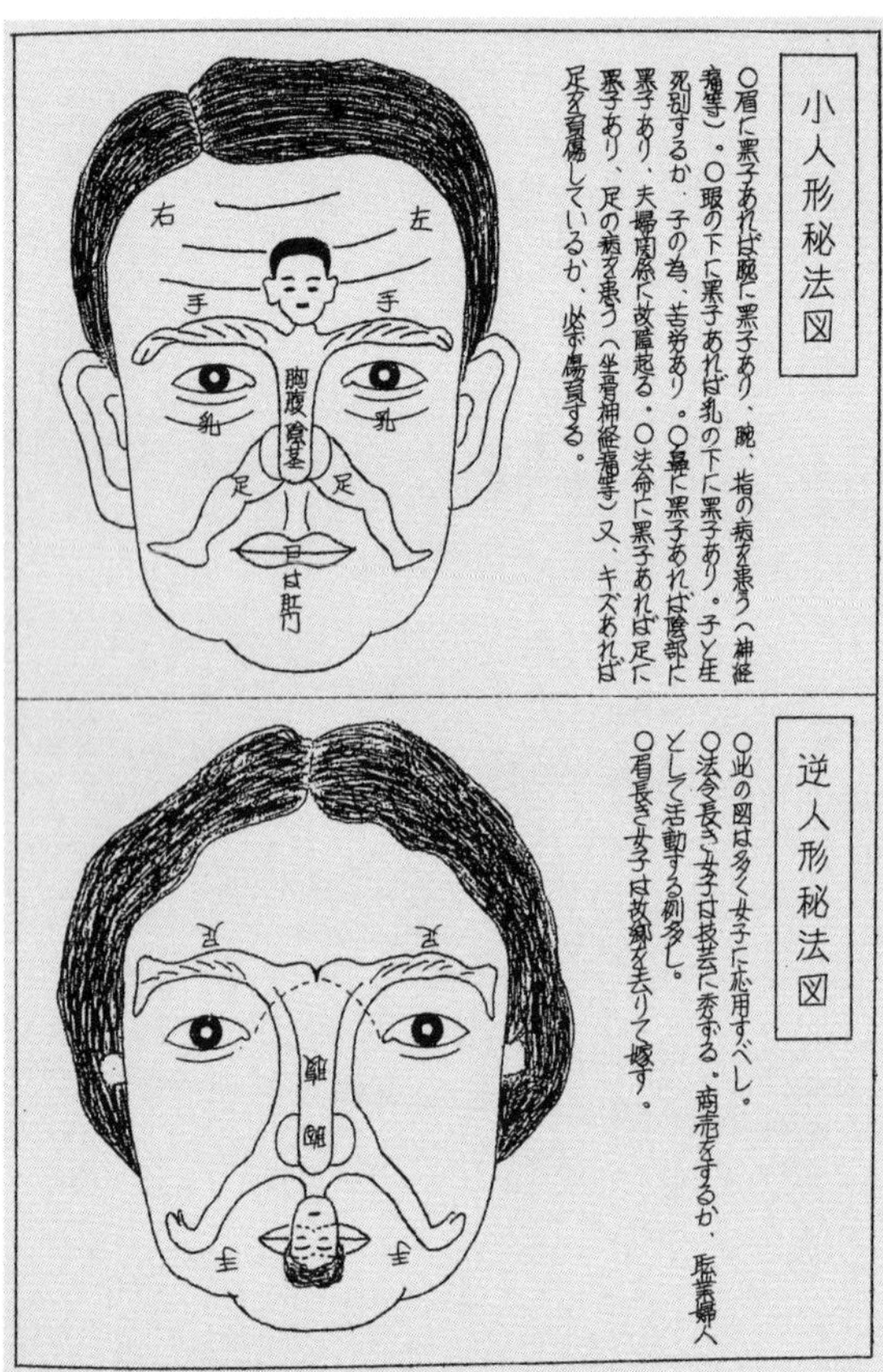

『手相術』のなかに記されたユニークな人相学
（マインドアンティーク博物館所蔵）

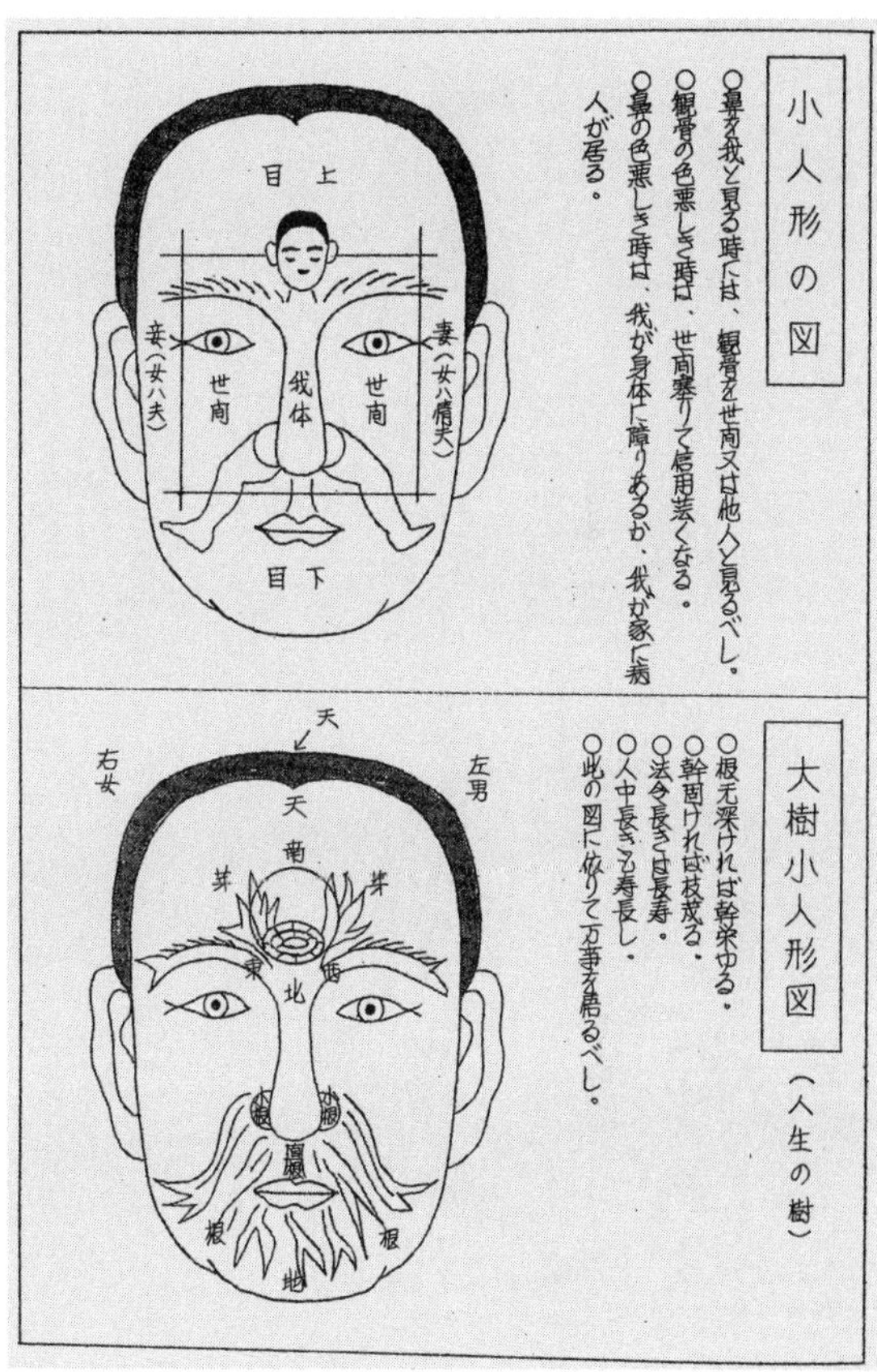
小人形の図
○鼻を我と見る時には、観骨を世間又は他人と見るべし。
○観骨の色悪しき時は、世間塞りて信用薄くなる。
○鼻の色悪しき時は、我が身体に障りあるか、我が家に病人が居る。
目上
妾（女ハ夫）
妻（女ハ情夫）
世間
我体
世間
目下
大樹小人形図（人生の樹）
○根元深ければ幹栄ゆる。
○幹固ければ枝茂る。
○法令長きは長寿。
○人中長きも寿長し。
○此の図に依りて万事を悟るべし。
天
右女
左男
天
南
芽
芽
東
西
北
根
根
地

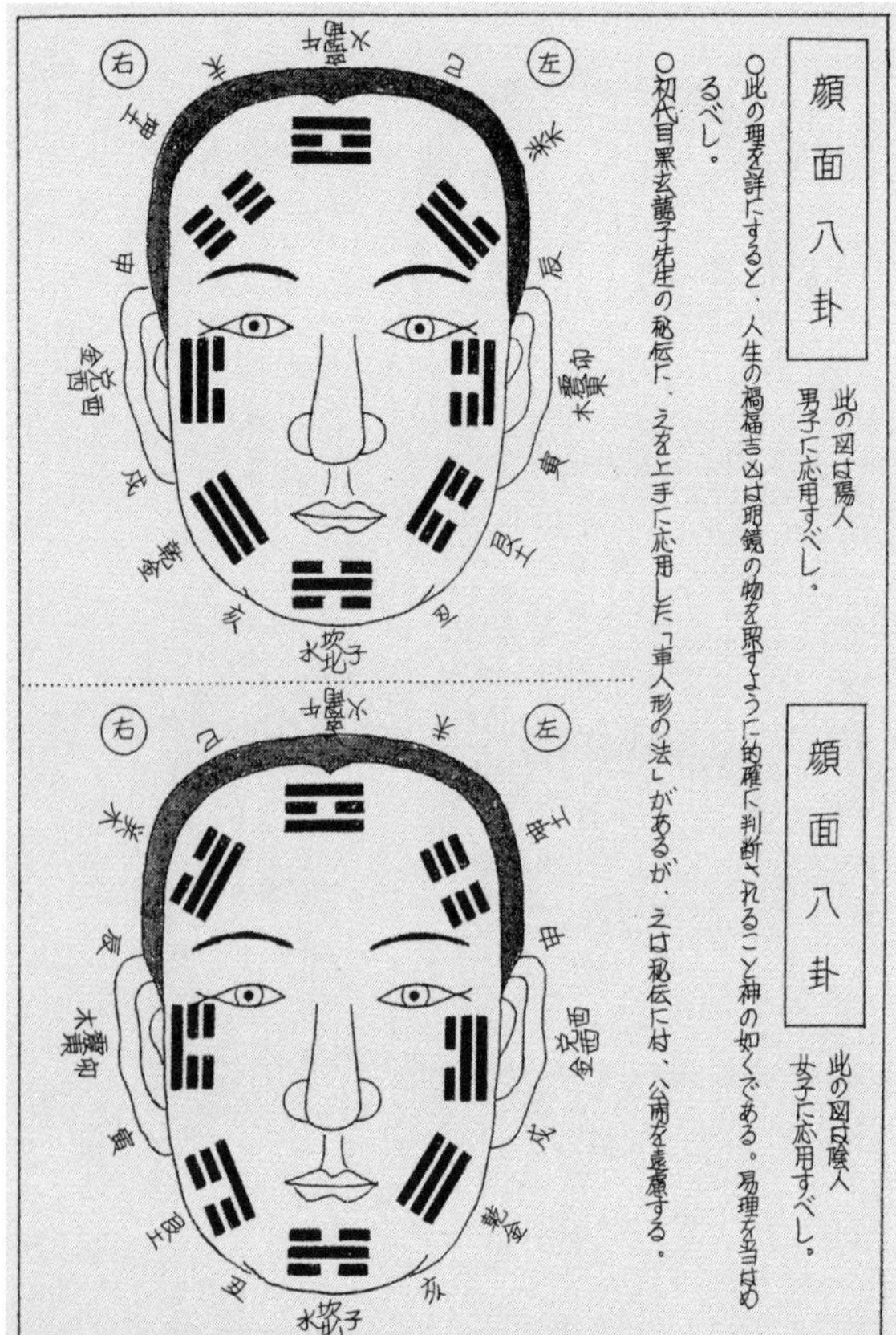
顔面八卦
此の図は陽人男子に応用すべし。
顔面八卦
此の図は陰人女子に応用すべし。
○此の理を詳にすると、人生の禍福吉凶は明鏡の物を照すように的確に判断されること神の如くである。易理を当はめるべし。
○初代目黒玄龍子先生の秘伝に、之を上手に応用した「車人形の法」があるが、之は秘伝に付、公開を遠慮する。
左
右
午 火 離
子 水 坎
卯 木 震
酉 金 兌

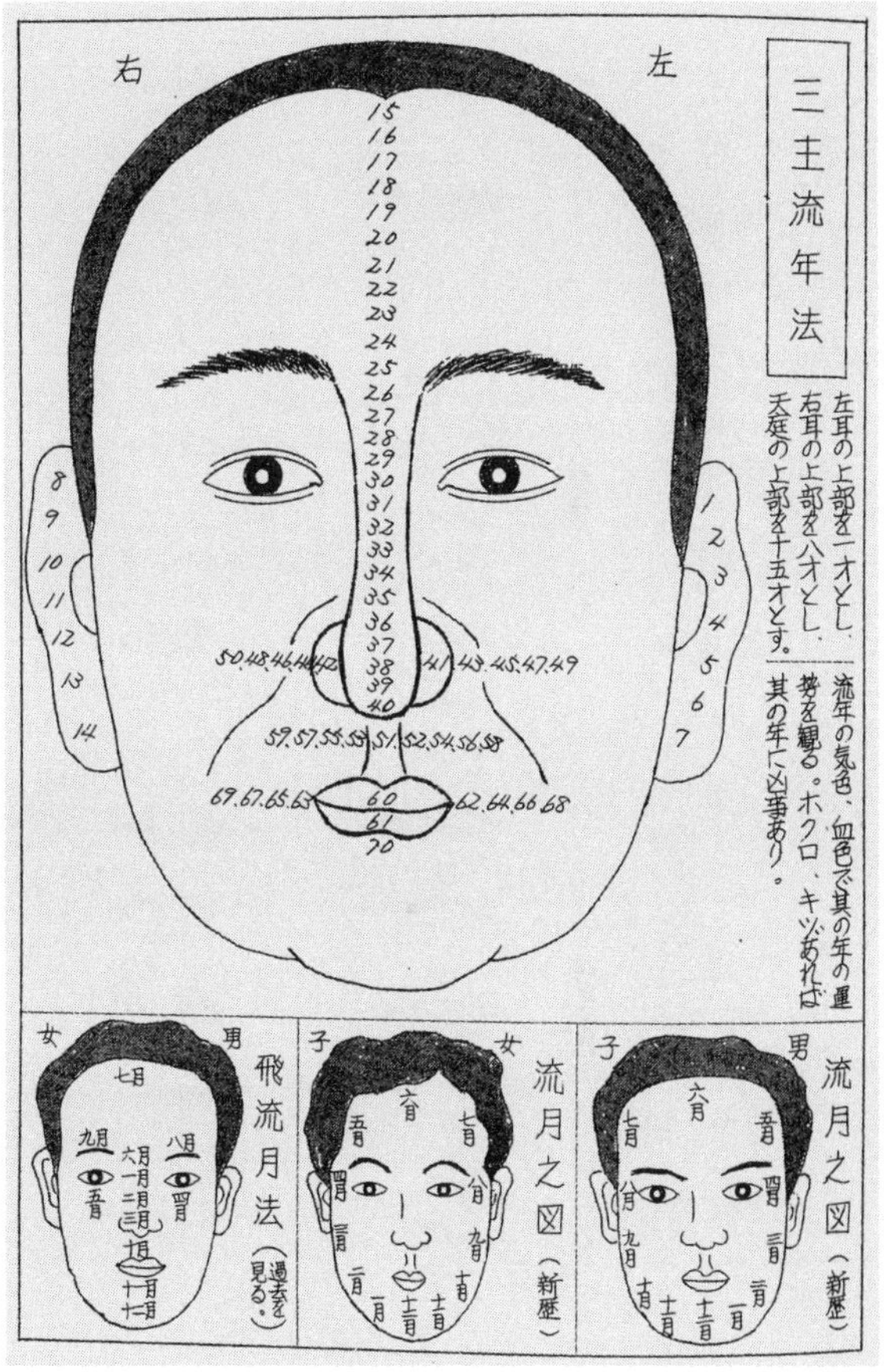
三主流年法
右
左
左耳の上部を一才とし、
右耳の上部を八才とし、
天庭の上部を十五才とす。
流年の気色、血色で其の年の運勢を観る。ホクロ、キズあれば其の年に凶事あり。
飛流月法（過去を見る。）
女
男
流月之図（新歴）
子
女
流月之図（新歴）
子
男

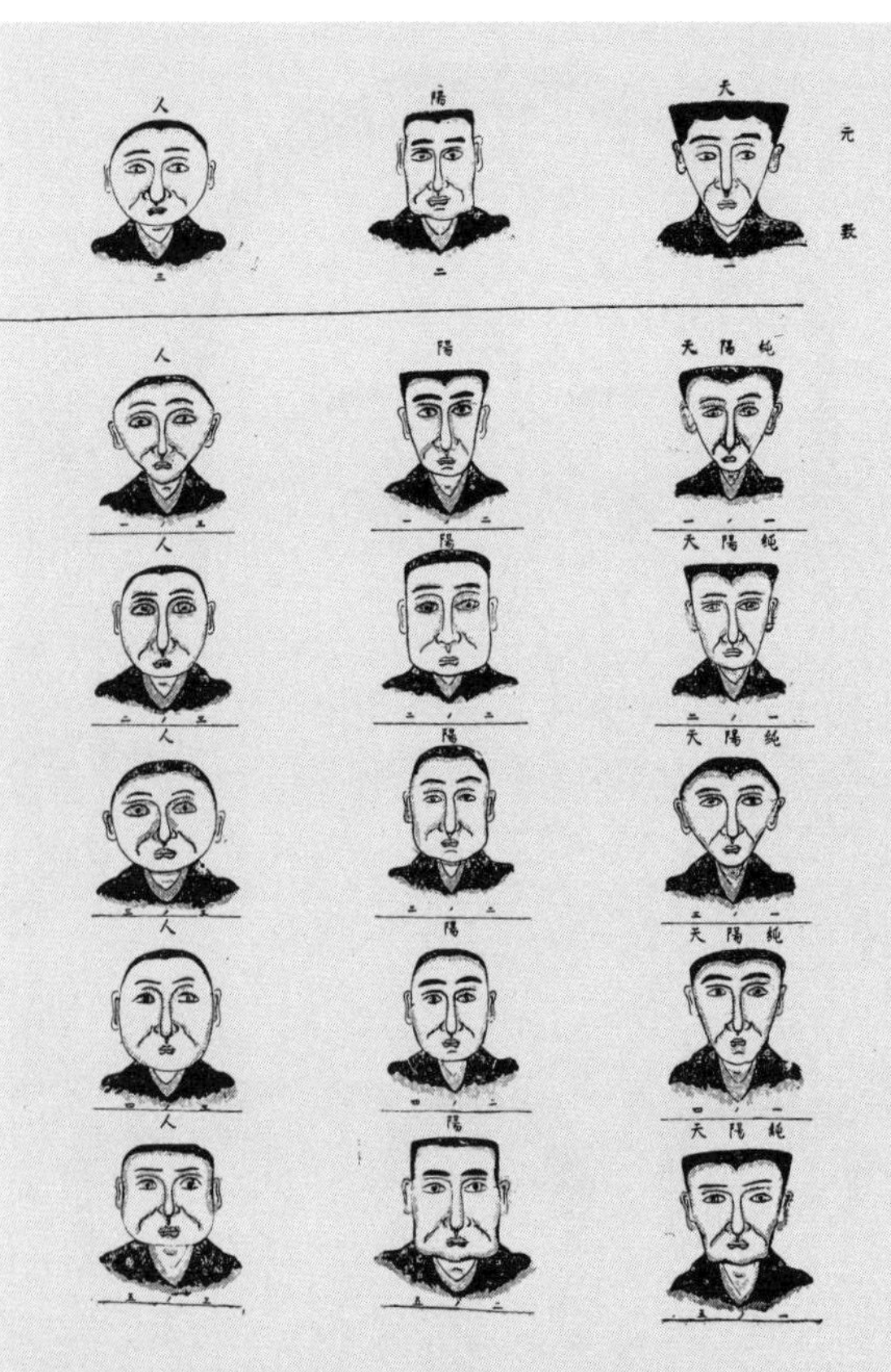

人相パターンを細かく記した『数理観相学』
（マインドアンティーク博物館所蔵）

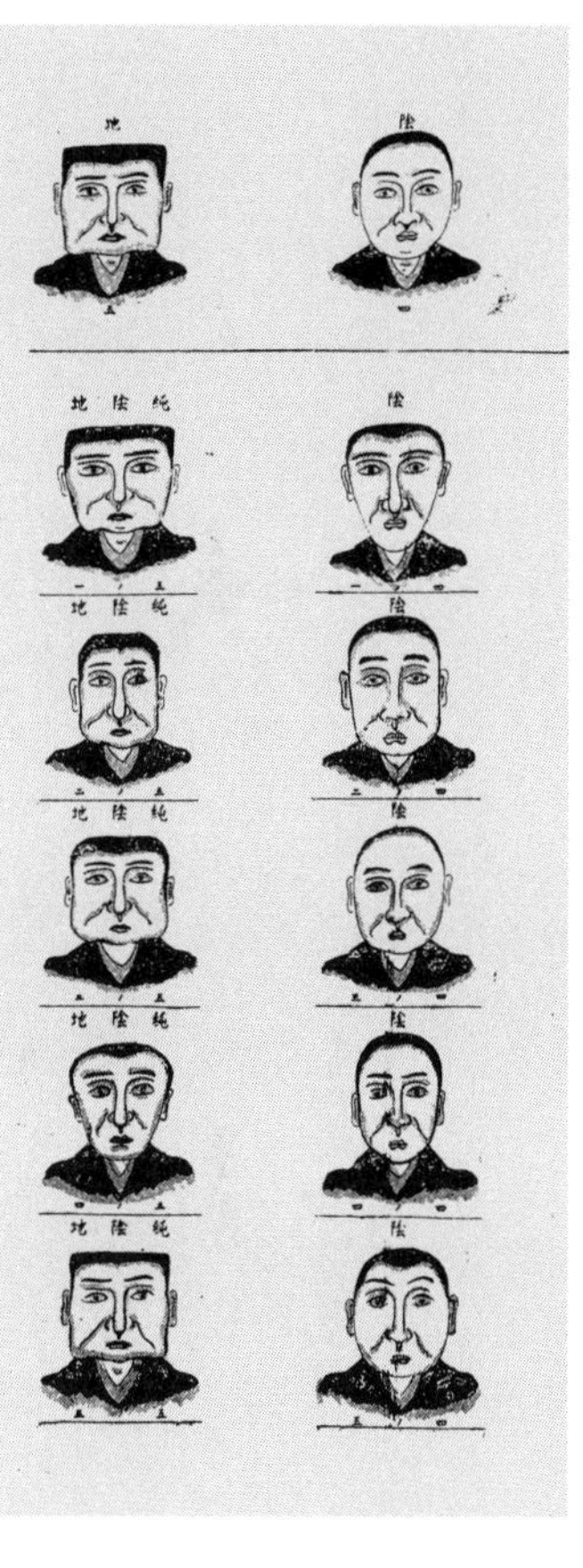

顔相では、昭和初期に書かれた高島象山の『数理観相学』が秀逸です。象山は顔相学の大家で、人相パターンを細かく分類しています。天陽人陰地という五つの人相パターンがあって、それぞれに変化があることを説いています。顔相、人相の基本的な形の分類が興味深い一冊です。

陰陽師の岩瀬玄通が大正期に書いた『滋宝配当集』には、江戸初期の天台宗

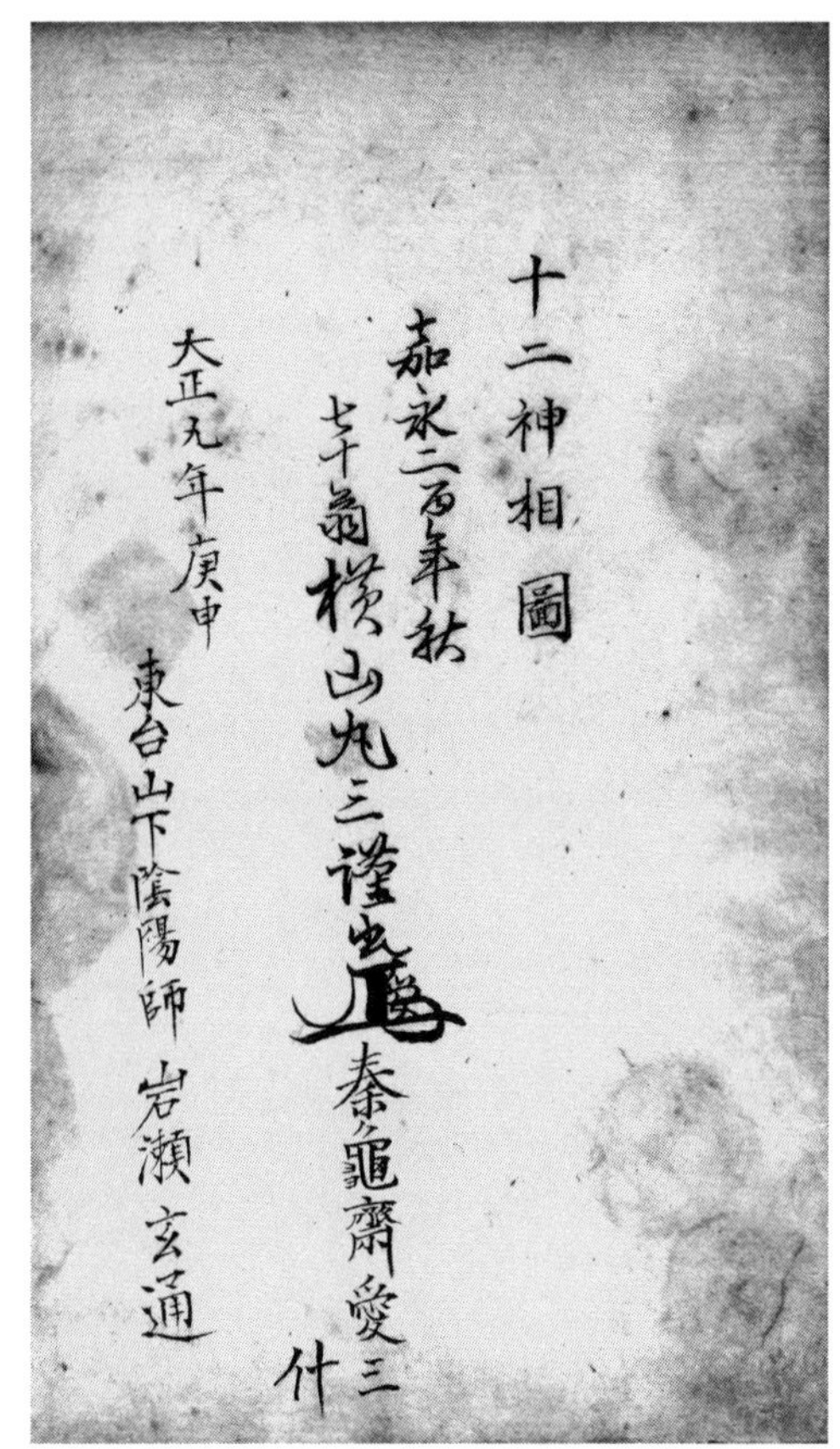

十二神相圖
嘉永二酉年秋
七十翁横山丸三謹書
秦龜齋愛三 什
大正九年庚申
東台山下陰陽師 岩瀬玄通

一生の運命を予知し、変化させる呪術を記した『滋宝配当集』
（マインドアンティーク博物館所蔵）

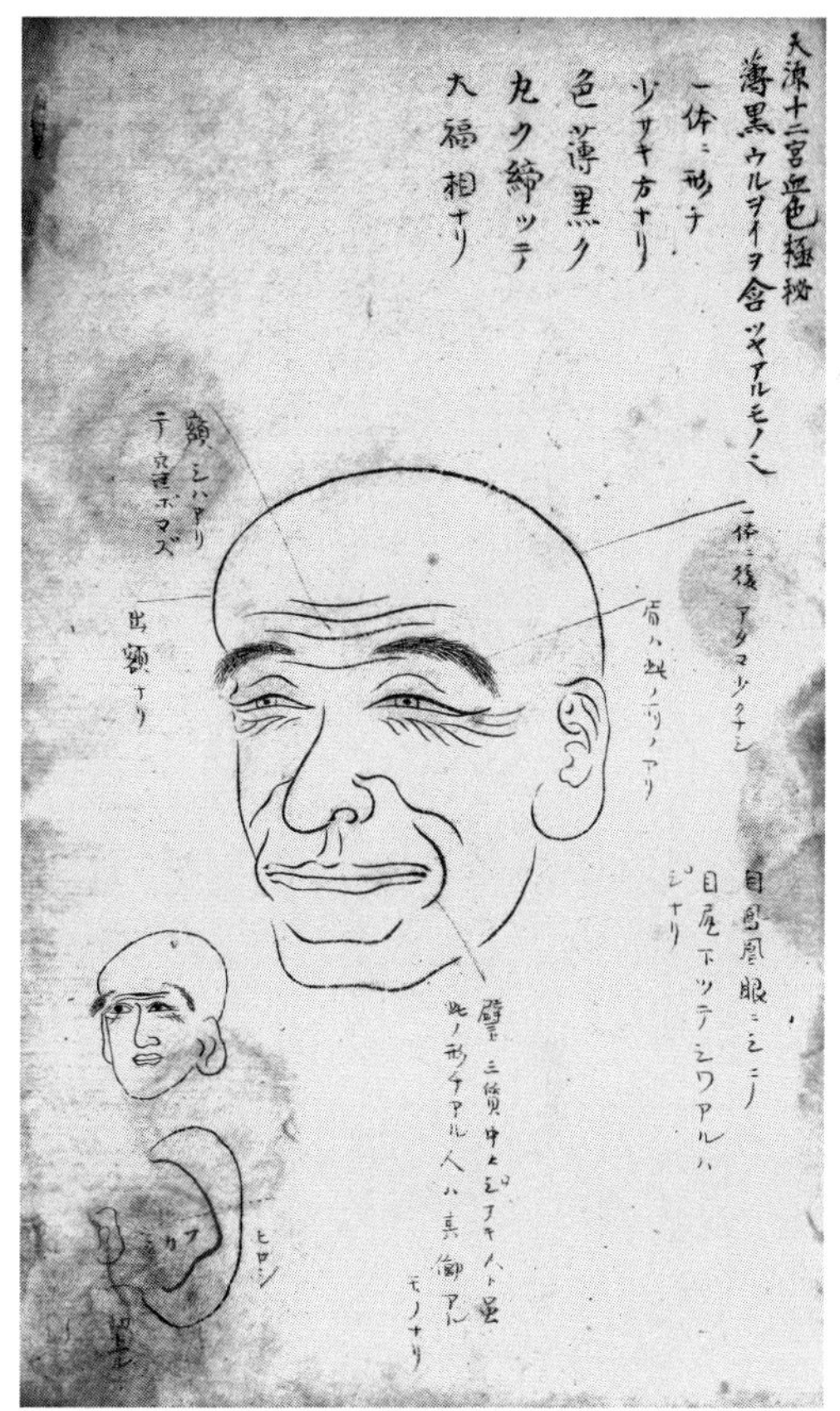
天源十二宮気色極秘
薄黒ウルヲイヲ含ツヤアルモノ之
一体ニ形チ
少サキ方ナリ
色薄黒ク
丸ク締ツテ
大福相ナリ
出額ナリ
ヒロシ

の僧・天海（一五三六〜一六四三年）が創始したとされる天源術という呪法が紹介されています。陰陽五行の理を応用し、生年月日の干支と観相に基づいて、その人の一生の運命を予知し変化させる呪術です。のちに改革され天源淘宮術とも呼ばれるようになりました。

この本には、人の気質を分類した表がついています。天源淘宮術を継承して明治期に術を伝授されたのが、横山丸三という人で、その元文献が江戸期の嘉永二（一八四九）年にあって、その弟子である秦亀斉愛三が、写し取ったと書かれています。それをまた、岩瀬が写したわけです。耳の形に非常にこだわっており、その人の気質が一目でわかるとされています。耳にその人の癖が出るのです。どういう顔の人がどういう性質でどういう耳の形をしているかを表しています。

目に現れる血管の筋で占う相術もあります。大正期に書かれた目黒玄龍子の『（観相極意）昌運の友』には、筋の形によって四種類に分け、災いがその人に降りかかる前に、どのような筋が出るかを示しています。災難が起こる前兆として目に出る血筋（血管の赤い筋）の形が細かく描かれています。

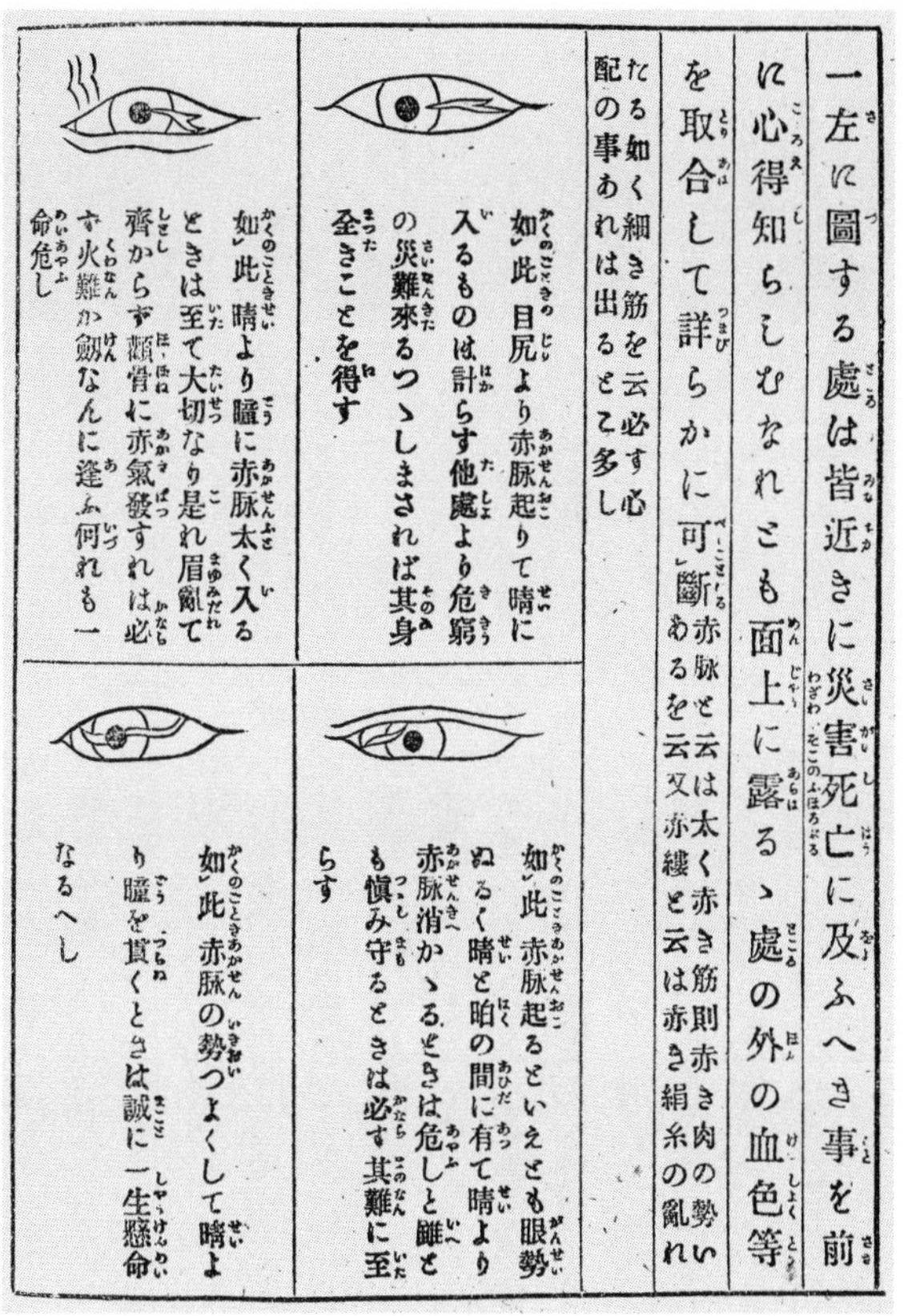

一左に圖する處は皆近きに災害死亡に及ふへき事を前に心得知らしむなれとも面上に露るゝ處の外の血色等を取合して詳らかに可ㇾ斷赤脉と云は太く赤き筋則赤き肉の勢いあるを云又赤縷と云は赤き絹糸の亂れたる如く細き筋を云必す心配の事あれは出ること多し

如ㇾ此目尻より赤脉起りて睛に入るものは計らす他處より危窮の災難來るつゝしまされば其身全きことを得す

如ㇾ此睛より瞳に赤脉太く入るときは至て大切なり是れ眉亂て齊からず顴骨に赤氣發すれは必ず火難か劔なんに逢ふ何れも一命危し

如ㇾ此赤脉起るといえども眼勢ぬるく睛と[illegible]の間に有て睛より赤脉消かゝるときは危しと雖とも愼み守るときは必す其難に至らす

如ㇾ此赤脉の勢つよくして睛より瞳を貫くときは誠に一生懸命なるへし

目に出る血筋（血管）で災難を予見する呪術を記した
『（観相極意）昌運の友』（マインドアンティーク博物館所蔵）

第壹圖

左の手を以て左右の奥歯の下ある、（十四經ニ曰フ大迎ノ脈）動脈を診するに其脈は指先に感じて波動をヅキ〳〵と覺ゆべし、次に第二圖の如くなすべし。

第貳圖

右の手を以て左の手の脈を診し心靜かに試むるに、左右奥歯の下にある脈と左手の脈と三所其波動平均を得る之を三脈の大事と稱す、是れ無事安穩の兆と知るべし。

第三圖

此圖は第二圖にある左右奥歯の下大迎の脈と、左手の脈を試み居る所の右面なり、此脈は毎日兩三度は必らず試し置くべし、危急の時に臨み狼狽して辨りかぬることあり。常に油斷すべからず。

第四圖

もし第一圖の如く奥歯の下なる脈動微にして辨りかぬる人は俗に云ふ喉佛の兩側にある動脈を試むべし、此所は十四經に曰ふ人迎の脈なり、古醫今小路道三翁三脈祕法中の一なり。

『身体保全法』に描かれた危険察知の呪術「三脈法」
（マインドアンティーク博物館所蔵）

相術ではありませんが、同じく前兆を察知する方法としては、三脈法も知られています。明治期に書かれた守田宝丹『身体保全法』の付録印刷物に写真付きで解説されています。喉の両側と手首の三つの脈を同時に見て、危険を察知します。三つの脈が合致しているときは大丈夫なのですが、ずれているときが危ない——と解釈して占います。

平沢白翁著、梶田勘助編著の『人相千百年眼』には、人相のわかりやすい区分けが図示されています。いろいろな相法を合本にした加藤大岳『相法合綴』は、黒子（ホクロ）のあ

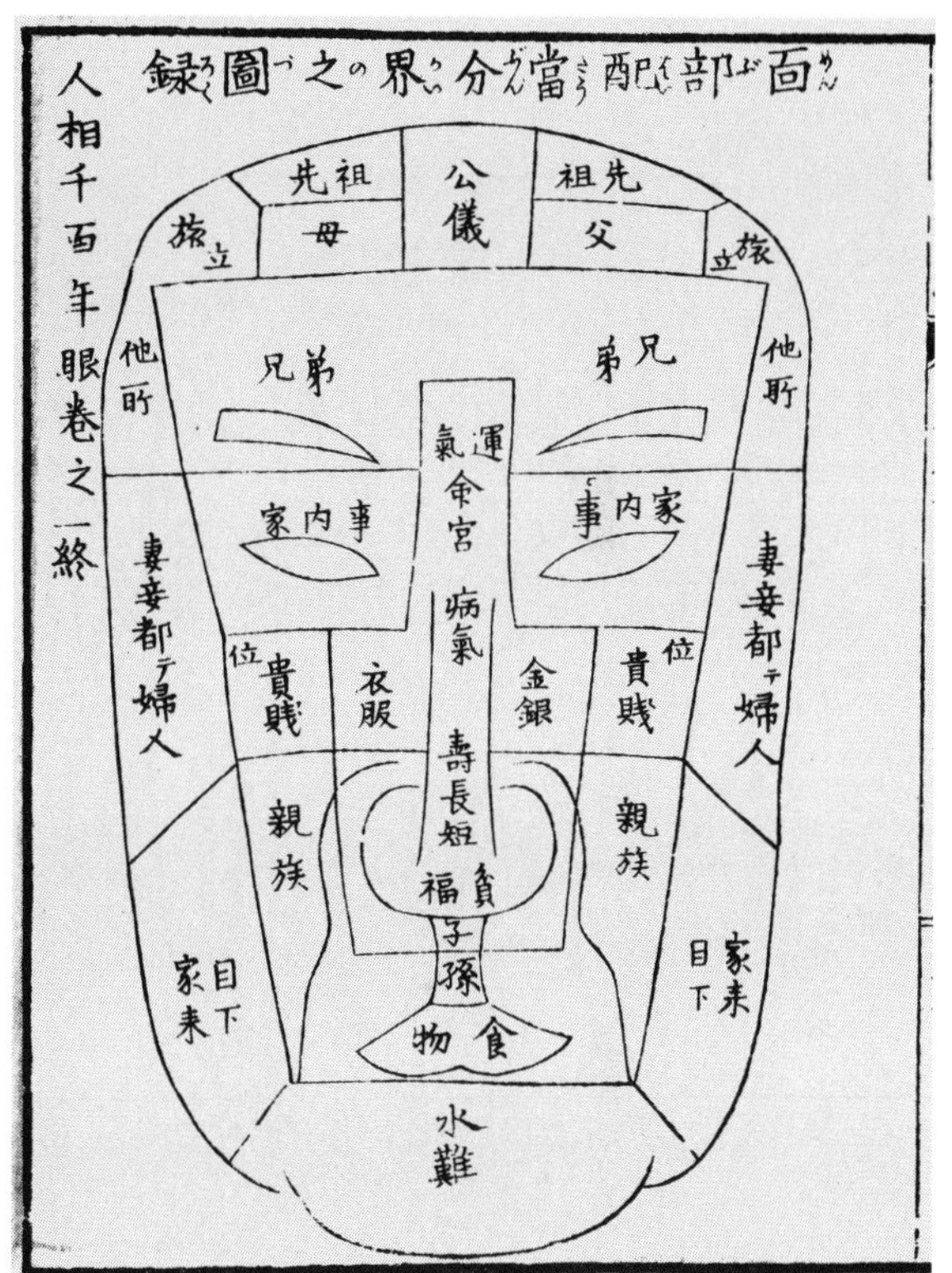

『人相千百年眼』に描かれた、顔の部位と関連事象の関係
（マインドアンティーク博物館所蔵）

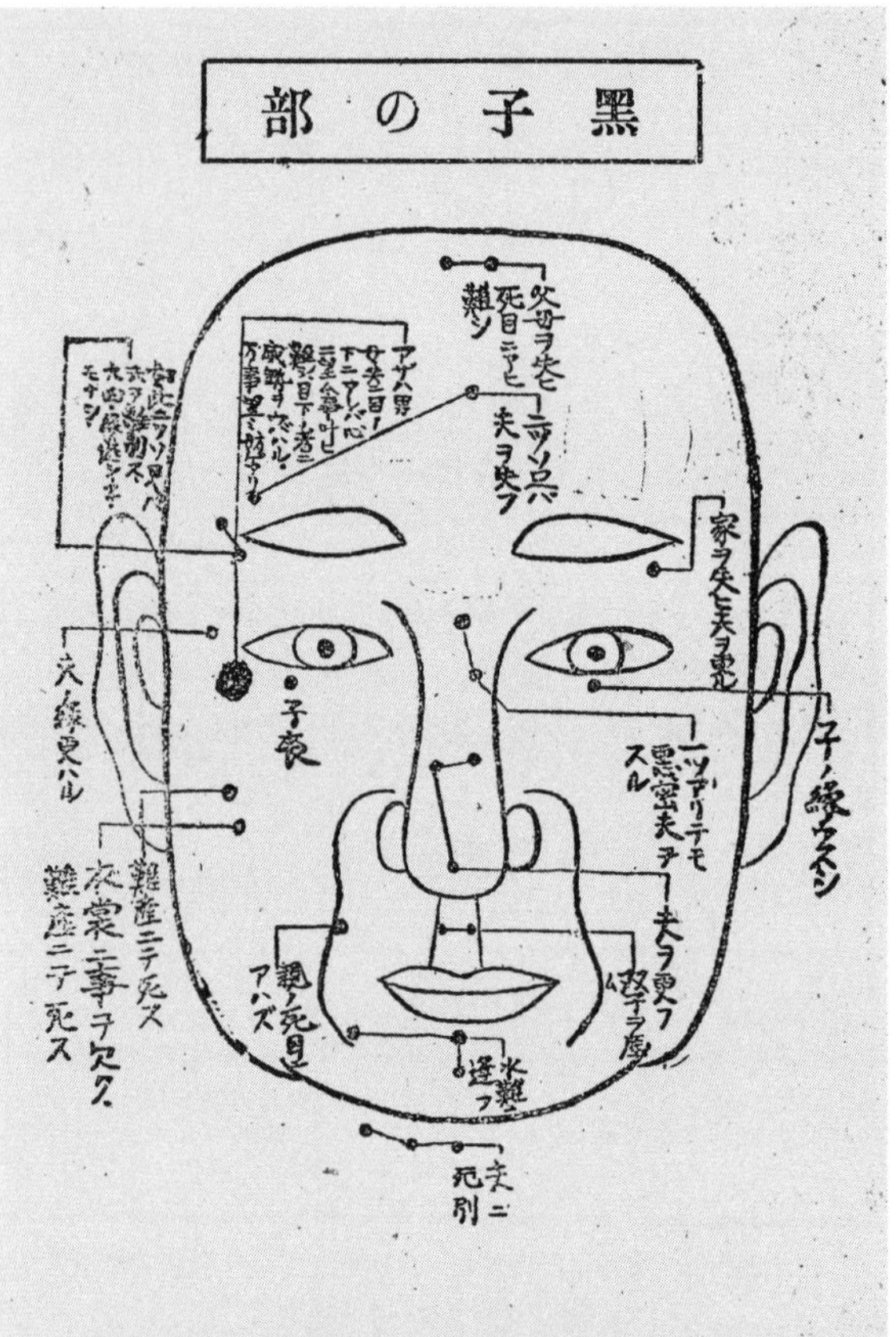

ホクロの位置で運命を読む呪術を記した『相法合綴』
（マインドアンティーク博物館所蔵）

る場所には良し悪しがあり、黒子の場所とその人の運命の関係を克明に図示しています。

変わったところでは、明治期に書かれた佐々木高明の『墨色判断秘訣』という相術もあります。墨で漢字などを書かせて、相を見る墨色判断と呼ばれる呪術です。たとえば「日本」の「本」という字を書かせて、そこに現れてきたカスレや歪(ゆが)みで、体のどの部分にどのような偏りがあるかを見ます。丸を描かせたり、「一」の字を書かせたりして、その人の状態を占うのです。墨のカスレ具合や形の癖を見ます。墨色判断は、尾栄大観が有名な継承者でした。

相術には家相占いもあります。大正期に書かれた目黒要太郎の『家相真髄』です。先に紹介した目黒幻龍子と同一人物です。この本では、家の方位と人体の相関図が示されています。足はどの方位の影響を受け、腹はどの方位の影響を受け、頭はどういう方位の影響を受けるかなどが明示されています。

先述の平沢白翁は『家相千百年眼』という本も書いており、人体と家の構造の相関関係が明示されています。

昭和初期に出版された戸田景明の『家相真法』には、最高にいい家相の例が

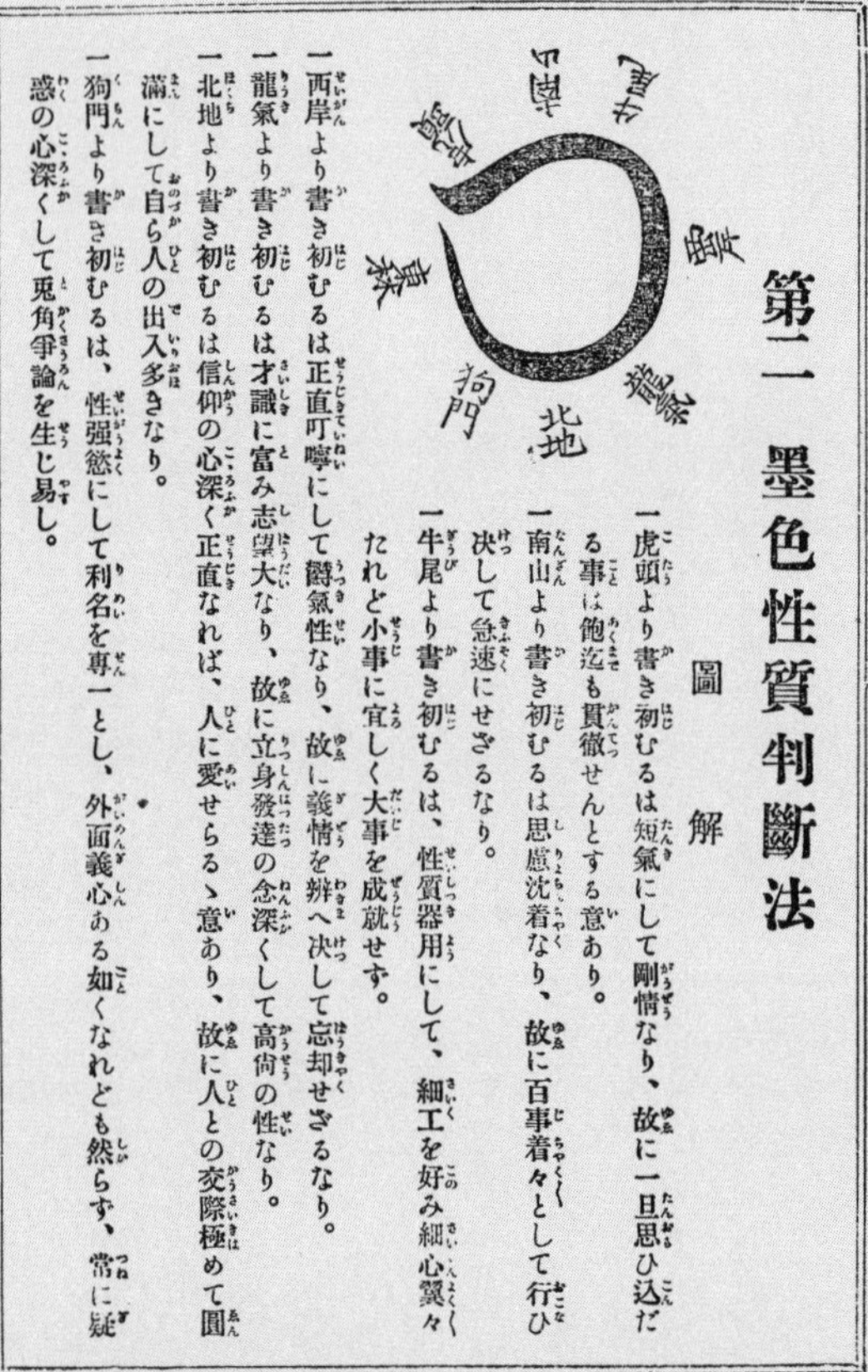

第一 墨色性質判斷法

圖解

一虎頭より書き初むるは短氣にして剛情なり、故に一旦思ひ込だる事は飽迄も貫徹せんとする意あり。

一南山より書き初むるは思慮沈着なり、故に百事着々として行ひ決して急速にせざるなり。

一牛尾より書き初むるは、性質器用にして、細工を好み細心翼々たれど小事に宜しく大事を成就せず。

一西岸より書き初むるは正直叮嚀にして鬱氣性なり、故に義情を辨へ決して忘却せざるなり。

一龍氣より書き初むるは才識に富み志望大なり、故に立身發達の念深くして高尚の性なり。

一北地より書き初むるは信仰の心深く正直なれば、人に愛せらるゝ意あり、故に人との交際極めて圓滿にして自ら人の出入多きなり。

一狗門より書き初むるは、性强慾にして利名を專一とし、外面義心ある如くなれども然らず、常に疑惑の心深くして兎角爭論を生じ易し。

墨で図（丸印）や漢字（「本」）を書かせ、運命の状態を占う
『墨色判断秘訣』（マインドアンティーク博物館所蔵）

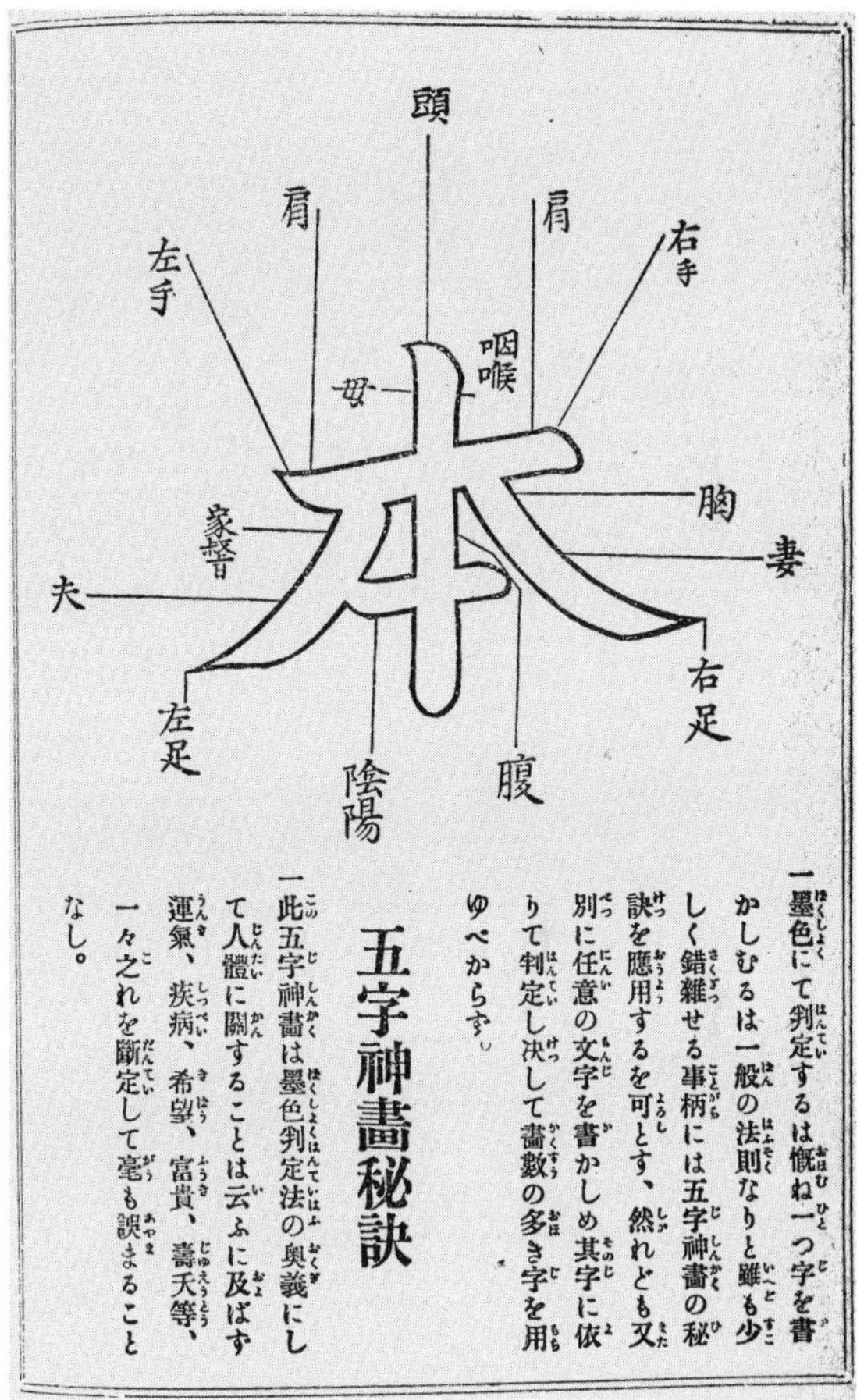

一墨色にて判定するは概ね一つ字を書かしむるは一般の法則なりと雖も少しく錯雑せる事柄には五字神畫の秘訣を應用するを可とす、然れども又別に任意の文字を書かしめ其字に依りて判定し決して畫數の多き字を用ゆべからず。

五字神畫秘訣

一此五字神畫は墨色判定法の奥義にして人體に關することは云ふに及ばず運氣、疾病、希望、富貴、壽夭等、一々之れを斷定して毫も誤まることなし。

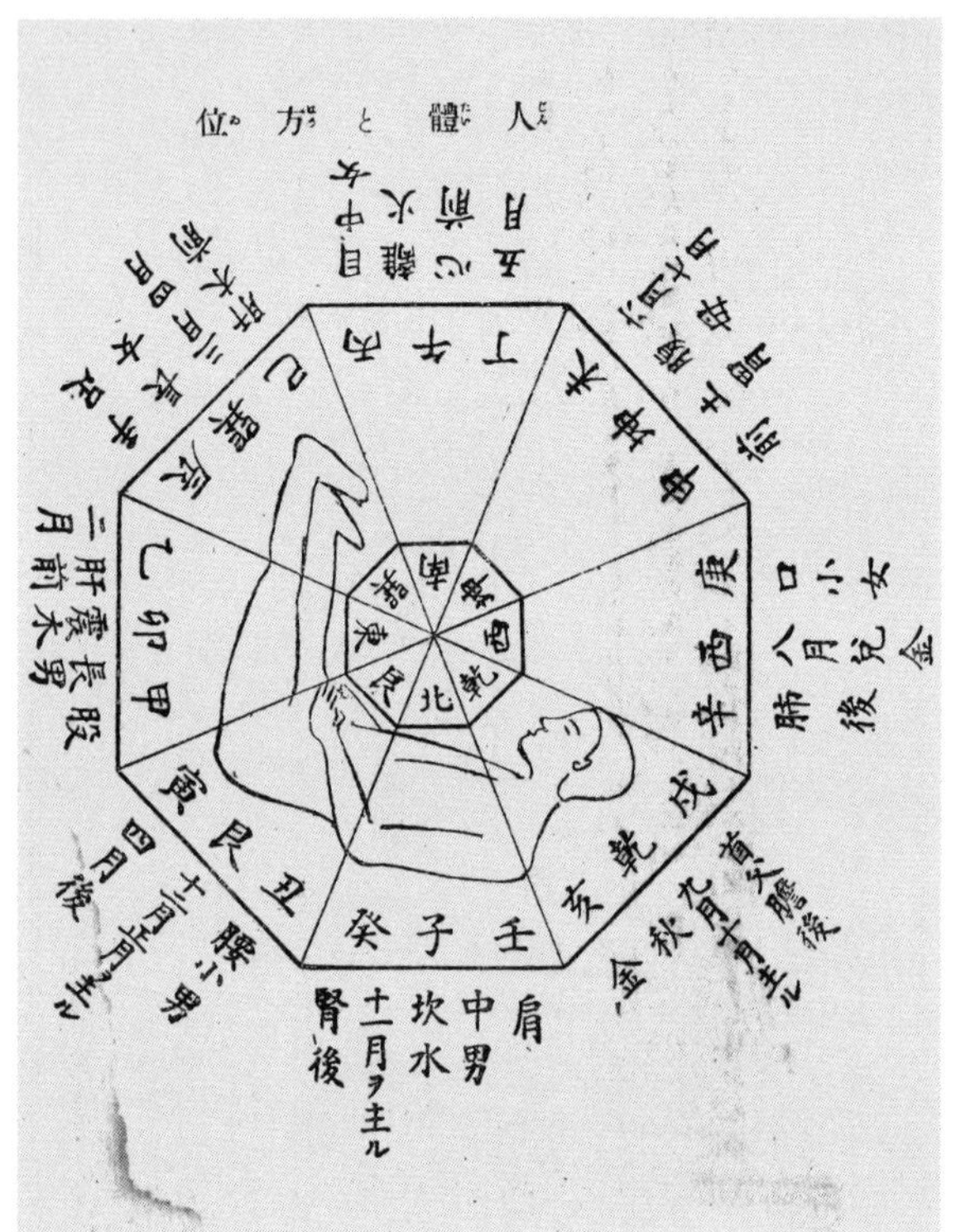

家の方位と人体の相関を記した『家相真髄』
（マインドアンティーク博物館所蔵）

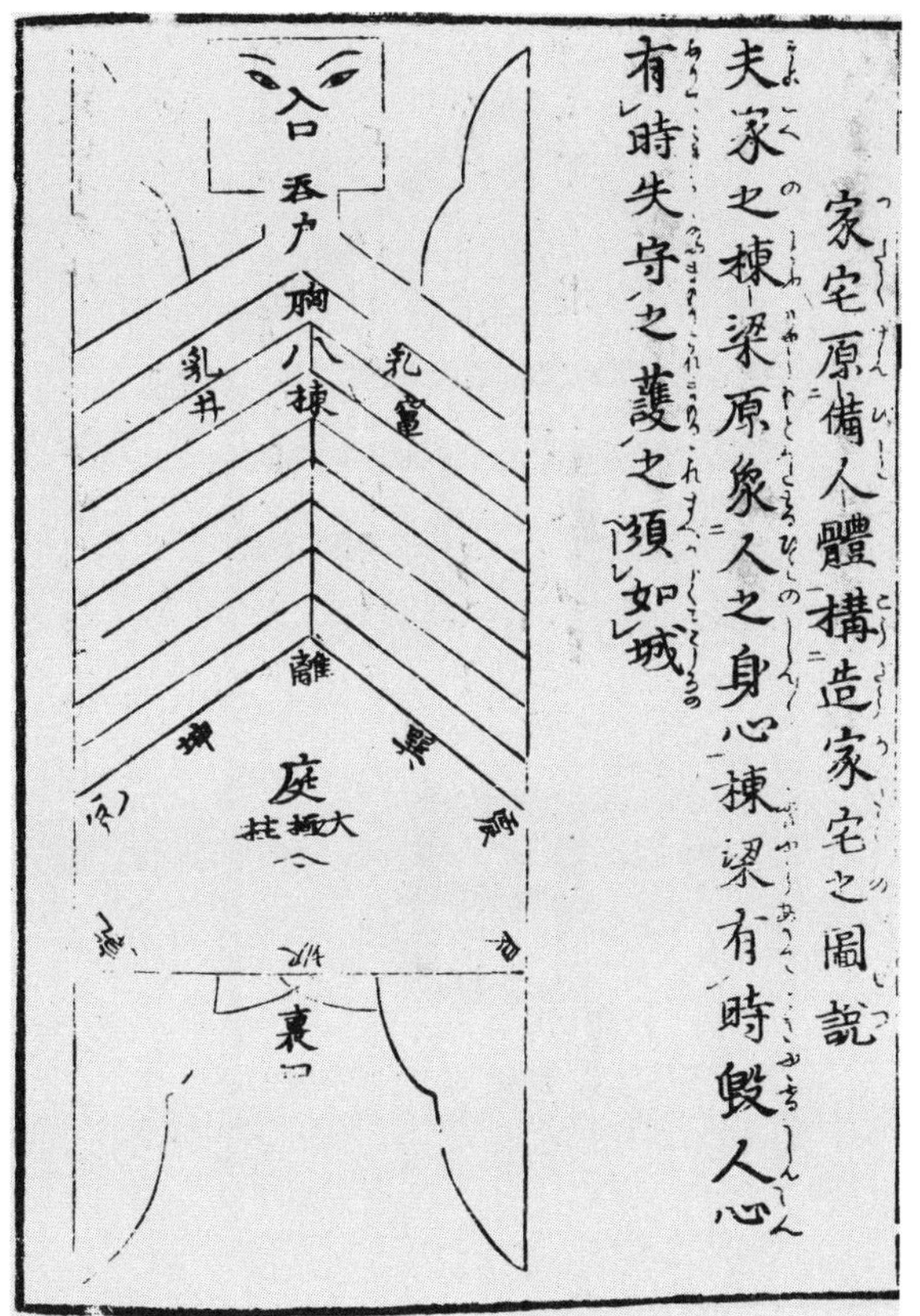

『家相千百年眼』に描かれた人体と家の構造の相関関係（次ページも）
（マインドアンティーク博物館所蔵）

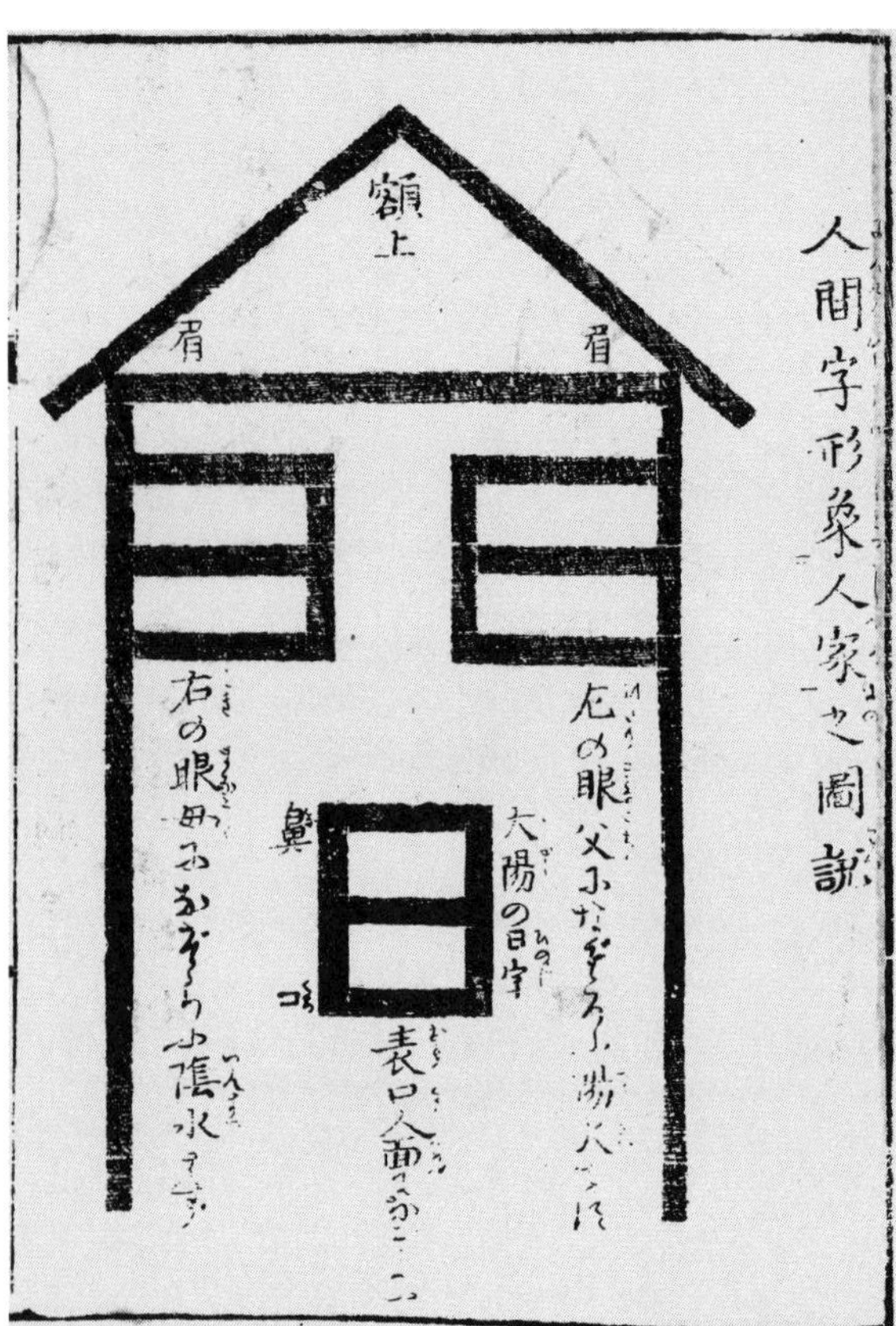
人間字形象人家之圖説
額上
眉
眉
左の眼
太陽の日字
鼻
口
右の眼

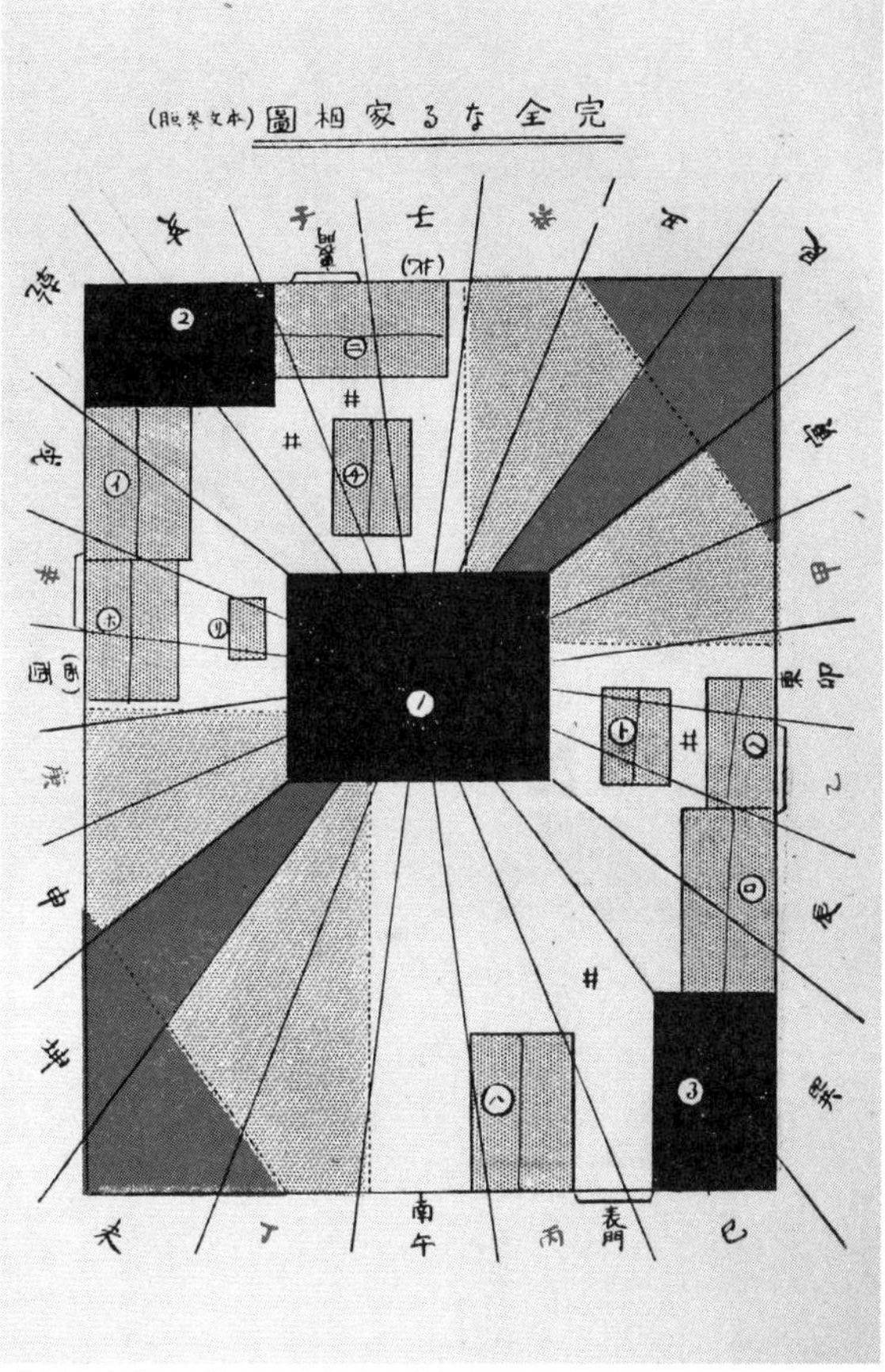

『家相真法』に描かれた完璧な家相（マインドアンティーク博物館所蔵）

記されています。完璧家相図として、母屋があって、どういうふうに何があったらいいか、鬼門が抜けているかどうか、裏鬼門と鬼門に何も障害物がなくて、どのように家を建てれば完璧な家相になるか、ということが記されています。

⒄周期から未来を知る

人間の相からその人の運命や未来を見るのが相術ですが、もっと大きな流れや未来を占う呪術が、天文術や占星術といった自然界の周期を観察して読み解く占術です。

江戸時代の華崎閃絆野米信が書いた備忘録『陰陽方鑑講評』には、どういう年のどういう月に神様が降ってきて、天道新天、天徳神の大吉やその方位はどこか、悪い日はいつか、本命的殺（九星で、本命星のある方位と反対側の方位。大凶の方位とされる）は何か、八方塞がり、大凶の方位はどこか、などが書かれています。一般に流布されていない秘伝書と見られ、年と方位について神様が宿る組み合わせが描かれています。円盤のダイヤルを動かすことによって、方位と神が宿るのはいつかがわかるようになっています。

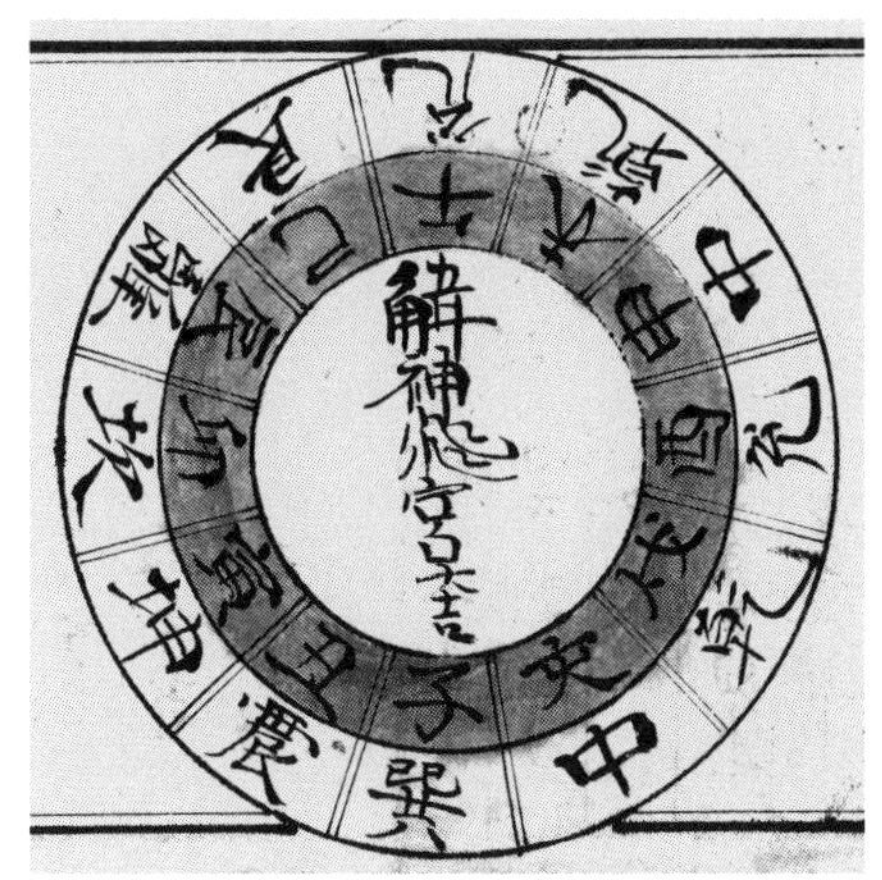
年ごとの神や方位と吉凶について示した備忘録『陰陽方鑑講評』
（マインドアンティーク博物館所蔵）

同じく江戸時代の万延元（一八六〇）年に書かれた葛城昇斉の『干支録』では、それぞれの年にどういう吉凶が起こるか、どのように気の流れが偏るか、といったことが年ごとに明示されています。干支ごとの年の偏りを明らかにしたもので、たとえば辰年に強く働くエネルギーは空、風、火、水、地の順であるなど、それぞれのエネルギーがどのように偏るかを説いています。

昭和の予言学の泰斗と称された永福伝正の『天文潮気流観測書』では、易を応用して株を見れば、

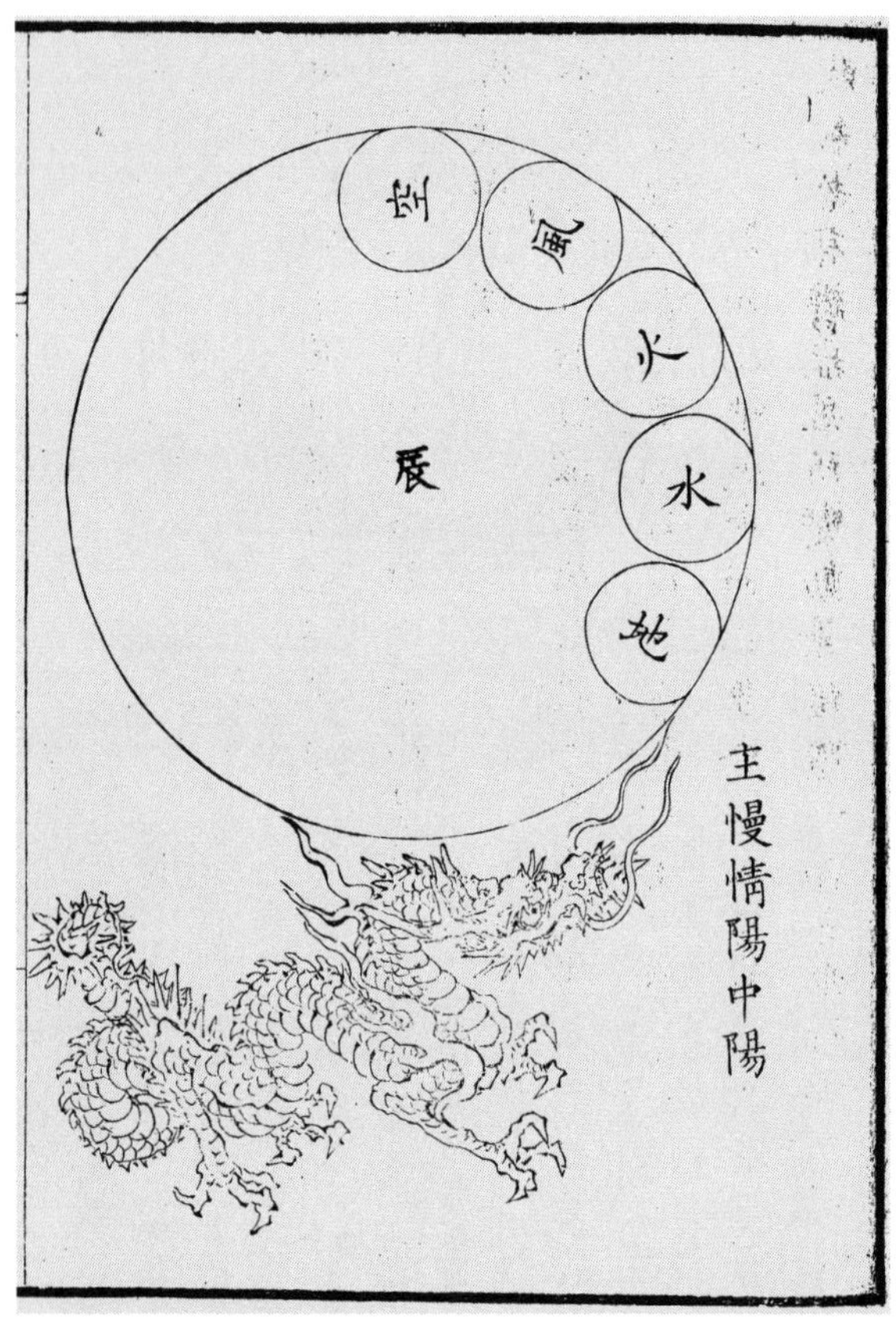

年ごとの吉凶を示した『干支録』(マインドアンティーク博物館所蔵)

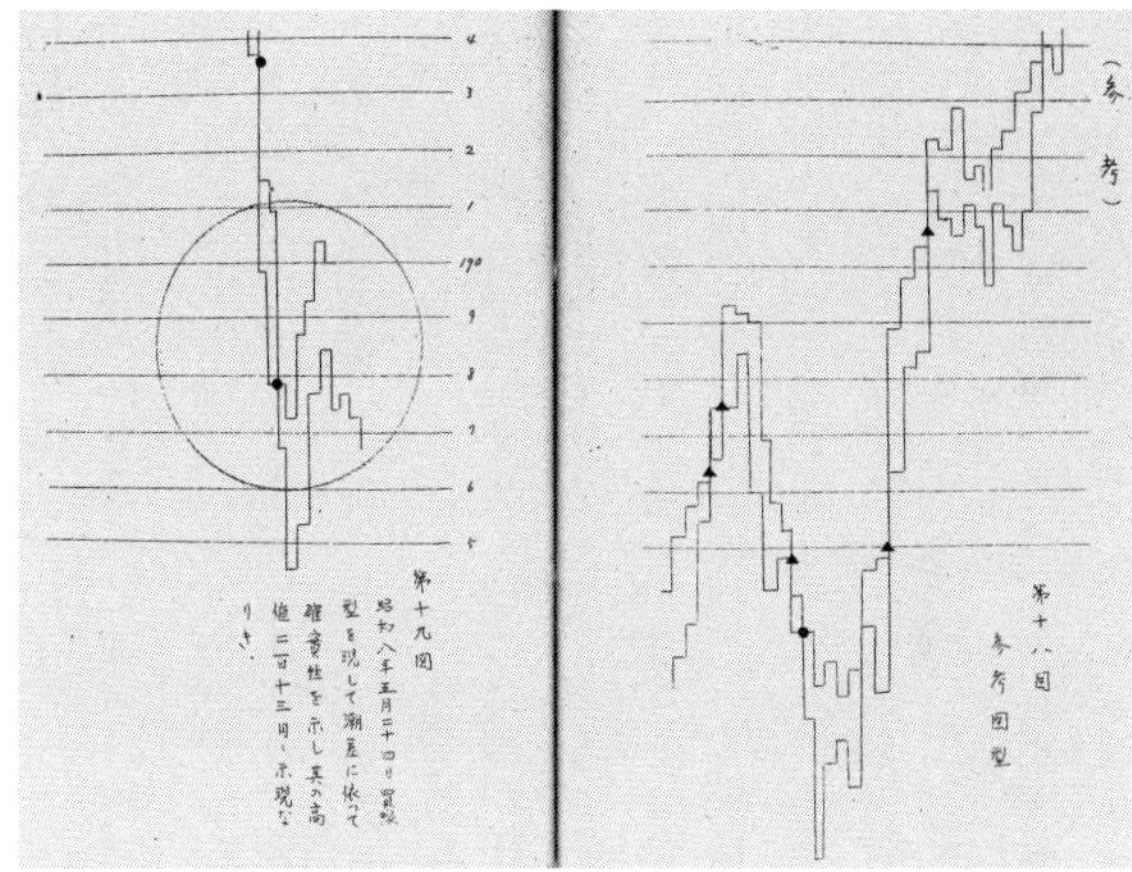

易を利用して株価を予想する方法を記した『天文潮気流観測書』
（マインドアンティーク博物館所蔵）

どういう予測ができるかを解説しています。いわゆる潮目、株価の流れを見る術です。易を使ったところが興味深いといえるでしょう。易占いで出した卦で、株の上限や下限を見たりすることができると説き、成功例などを紹介しています。経済も易で予測することができるのです。

毎年の気の流れがどう変化するかを記した佐々木高明の『天文運気術』という本が明治期に出ています。弘法大師（こうぼうだいし）空海が伝えた運気術とされ、「客気（かくき）」と呼ばれる自然界の運気がどのように動くのかを示しています。

幕末頃印刷された冊子には、いろいろな神秘学で使われている図版を記録して残したものが多く見られます。

著者不明ですが、手元にある江戸期に書かれたと見られる「正義堂」から出された「備忘録」には、陰と陽が交わっている陰陽図と共に、洛書（らくしょ）（古く中国で禹（う）が洪水を治めたとき、洛水（らくすい）に現れた神亀の背にあった紋様を写したと伝えられる図）に則った九星を当てはめた図が掲載されています。八卦の星の形を表し、どういう数理が究極のときに働くかを示す「易の方位書」と見なすこともできます。洛書九星表ともいいます。

これを使って呪術的にどういう模様やシンボルを当てはめたらどういう効果があるかを示しています。

方位の吉凶の非常に細かい図も掲載されています。その方位にどういう意味があるか、どういう方位、どういう年に、どういうものが巡ってくるかを表しています。大将軍や神様、その天中殺（てんちゅうさつ）のようなものが訪れたりする、方位と周期の関係が図示されています。

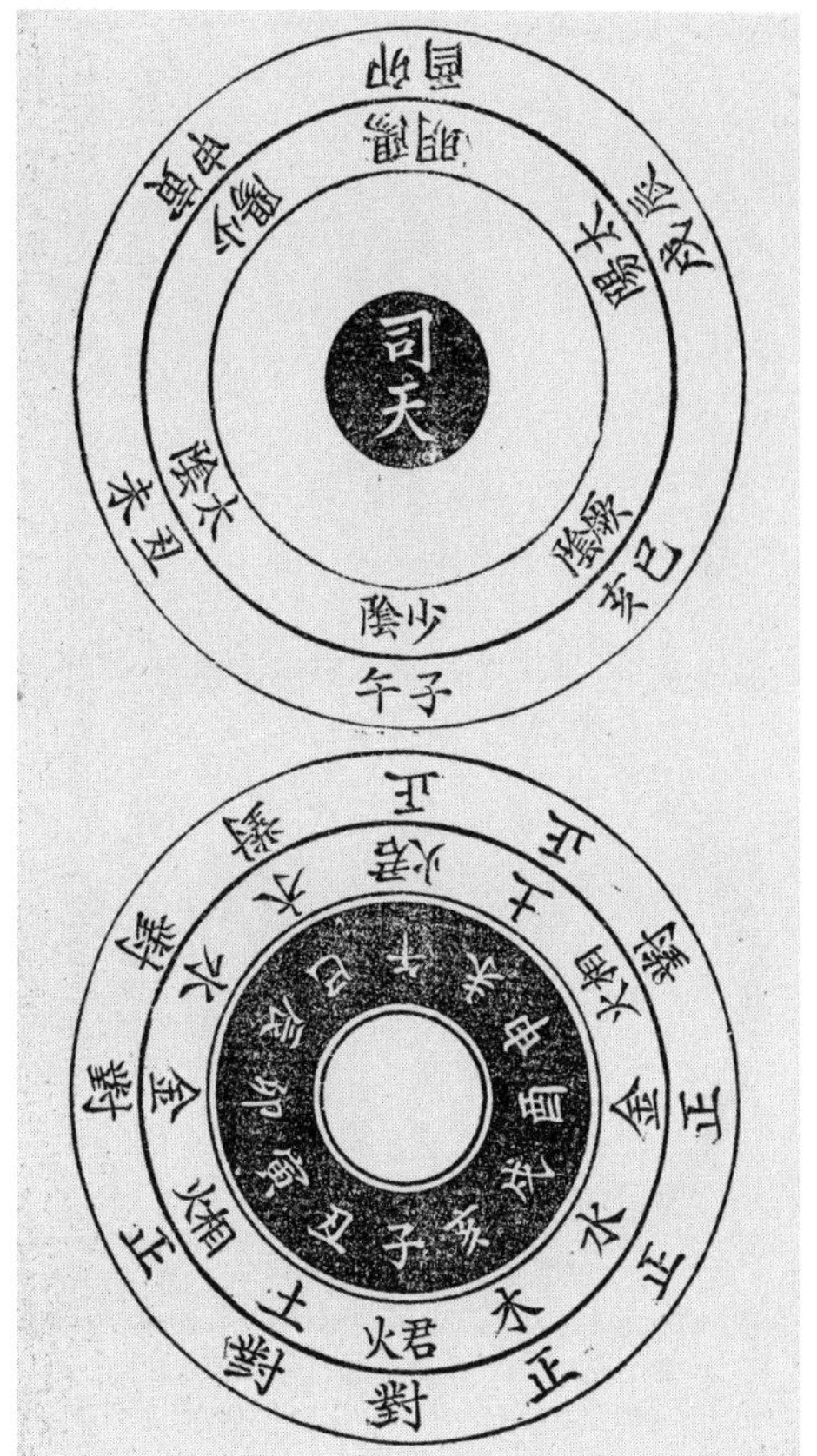

「客気」という自然界の運気の動きを記した『天文運気術』
（マインドアンティーク博物館所蔵）

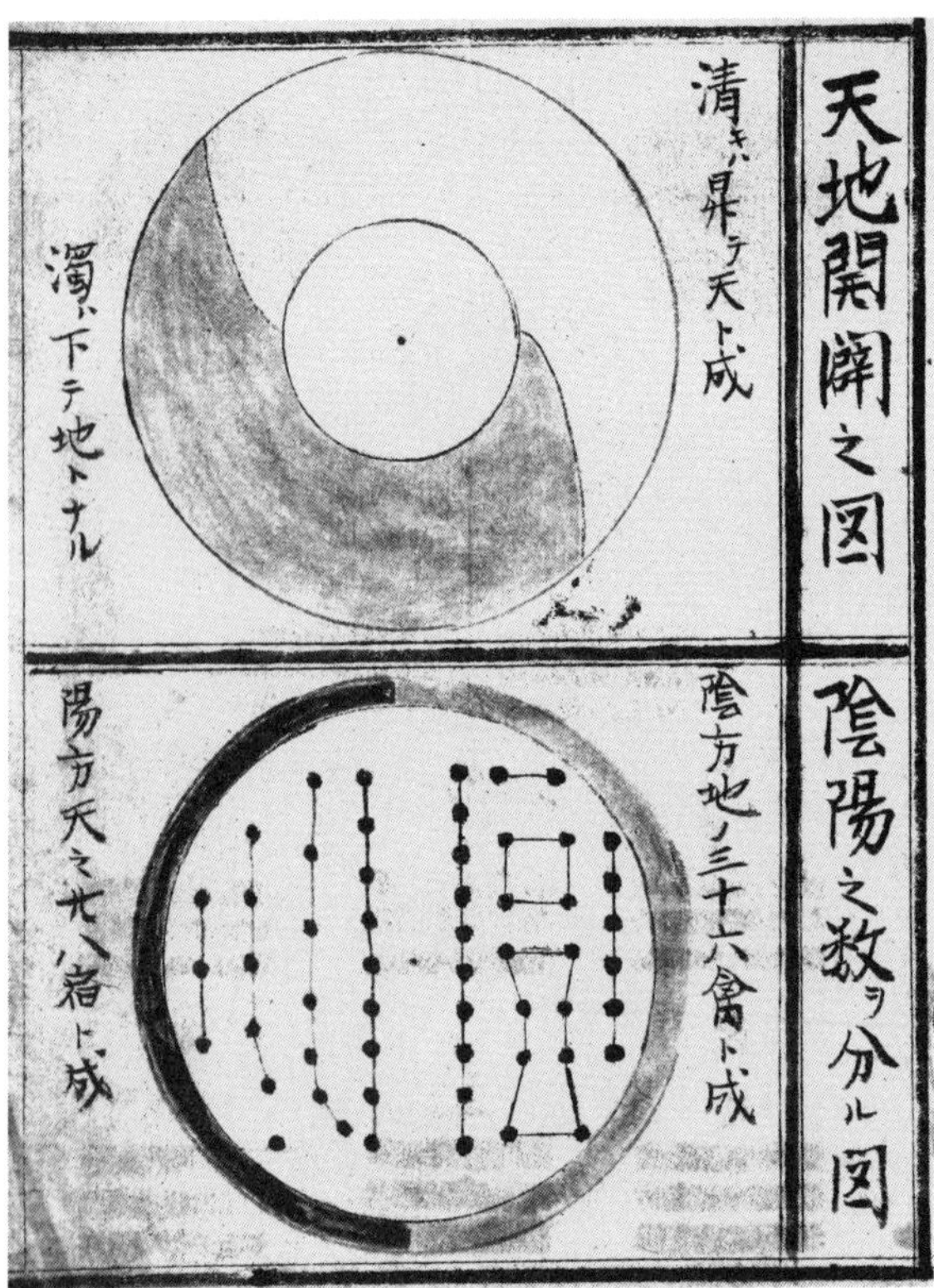

「正義堂」から出された「備忘録」。陰と陽が交わった
陰陽図を描いている（マインドアンティーク博物館所蔵）

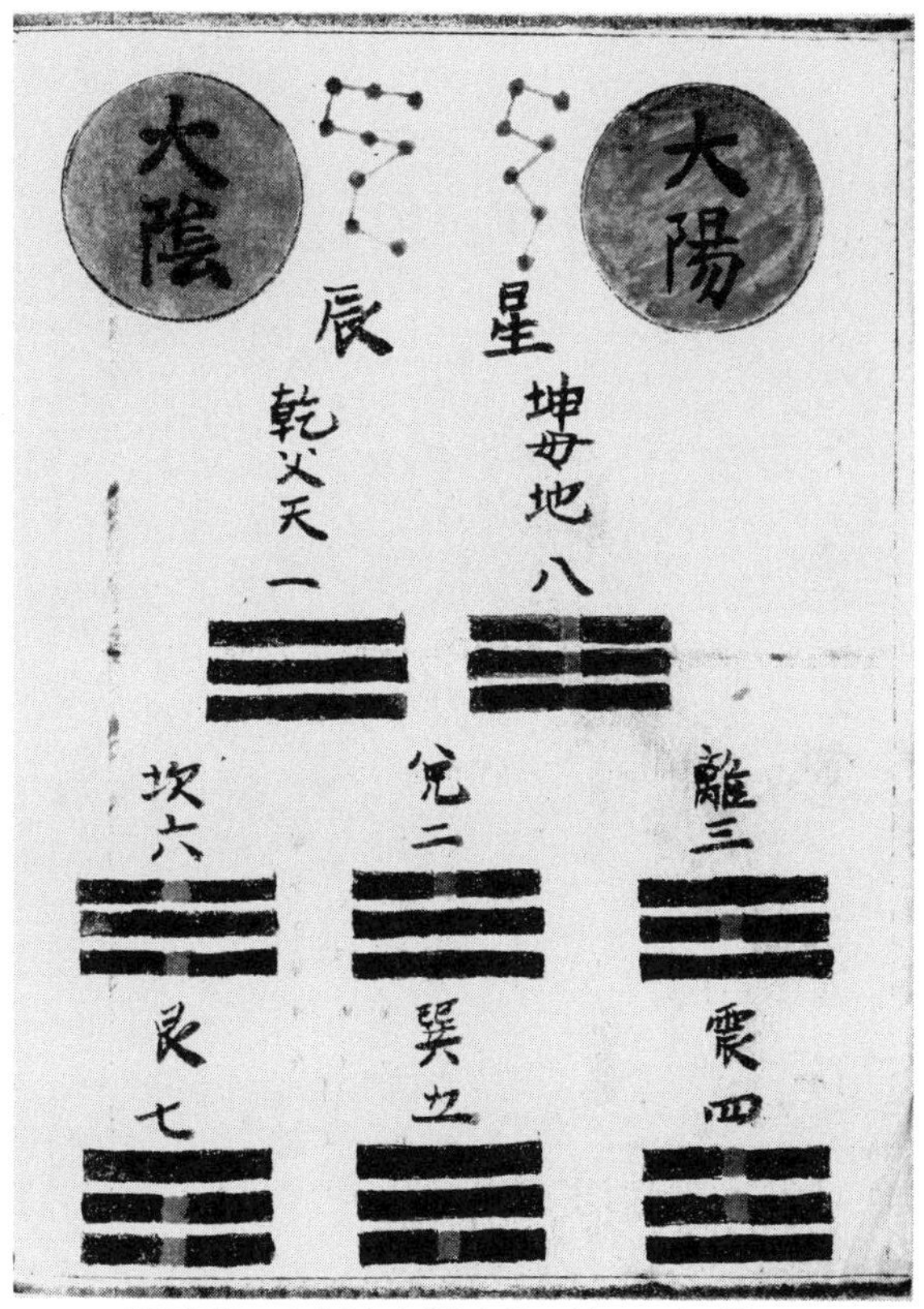

「正義堂」から出された「備忘録」。前ページ同様に、
陰と陽が交わった陰陽図を描いている

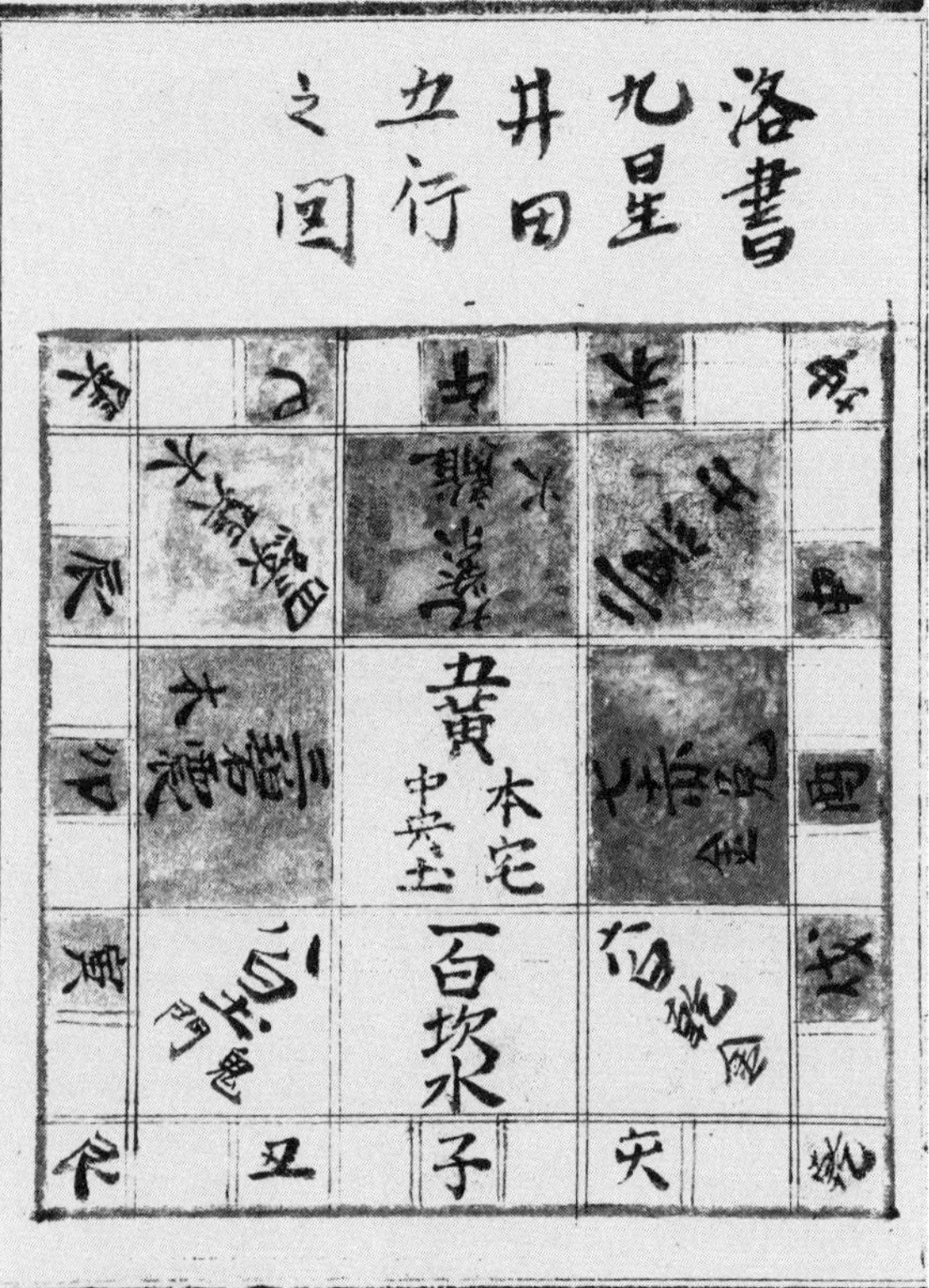

「易の方位書」という要素もあった「正義堂」の「備忘録」
（マインドアンティーク博物館所蔵）

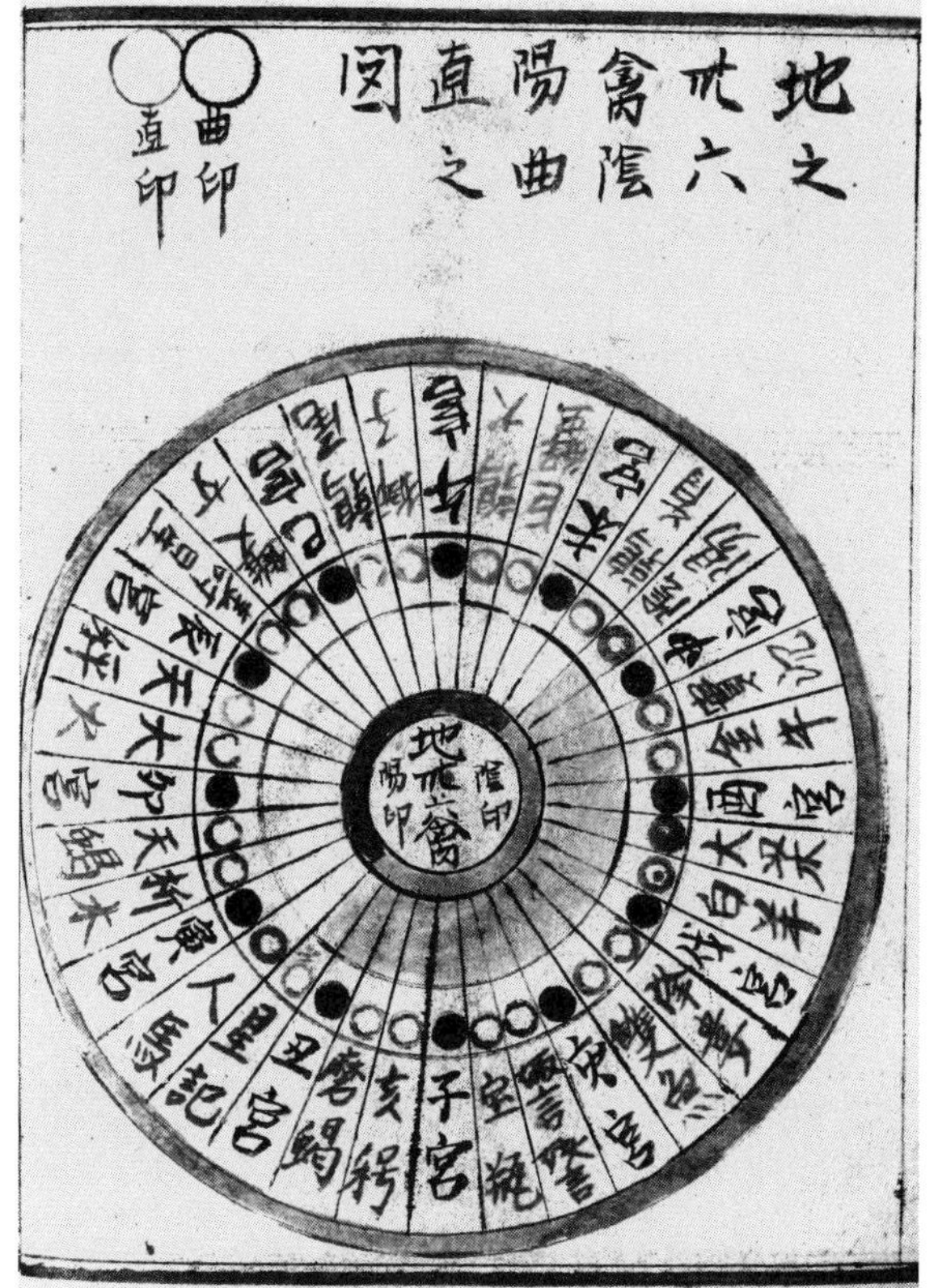

細かい方位の吉凶も示している「正義堂」の「備忘録」
（マインドアンティーク博物館所蔵）

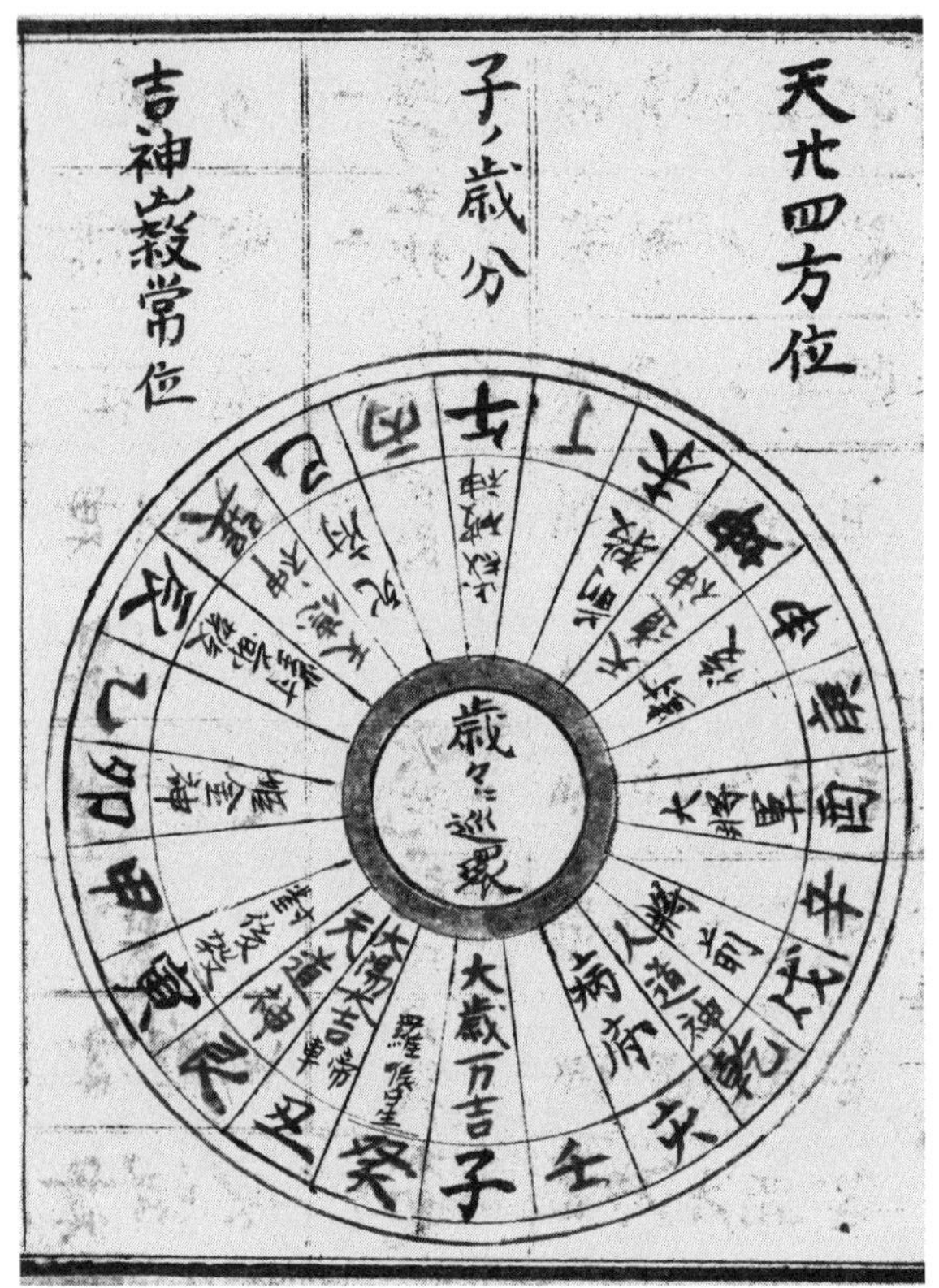

前ページと同様、細かい方位の吉凶も示している
「正義堂」の「備忘録」（マインドアンティーク博物館所蔵）

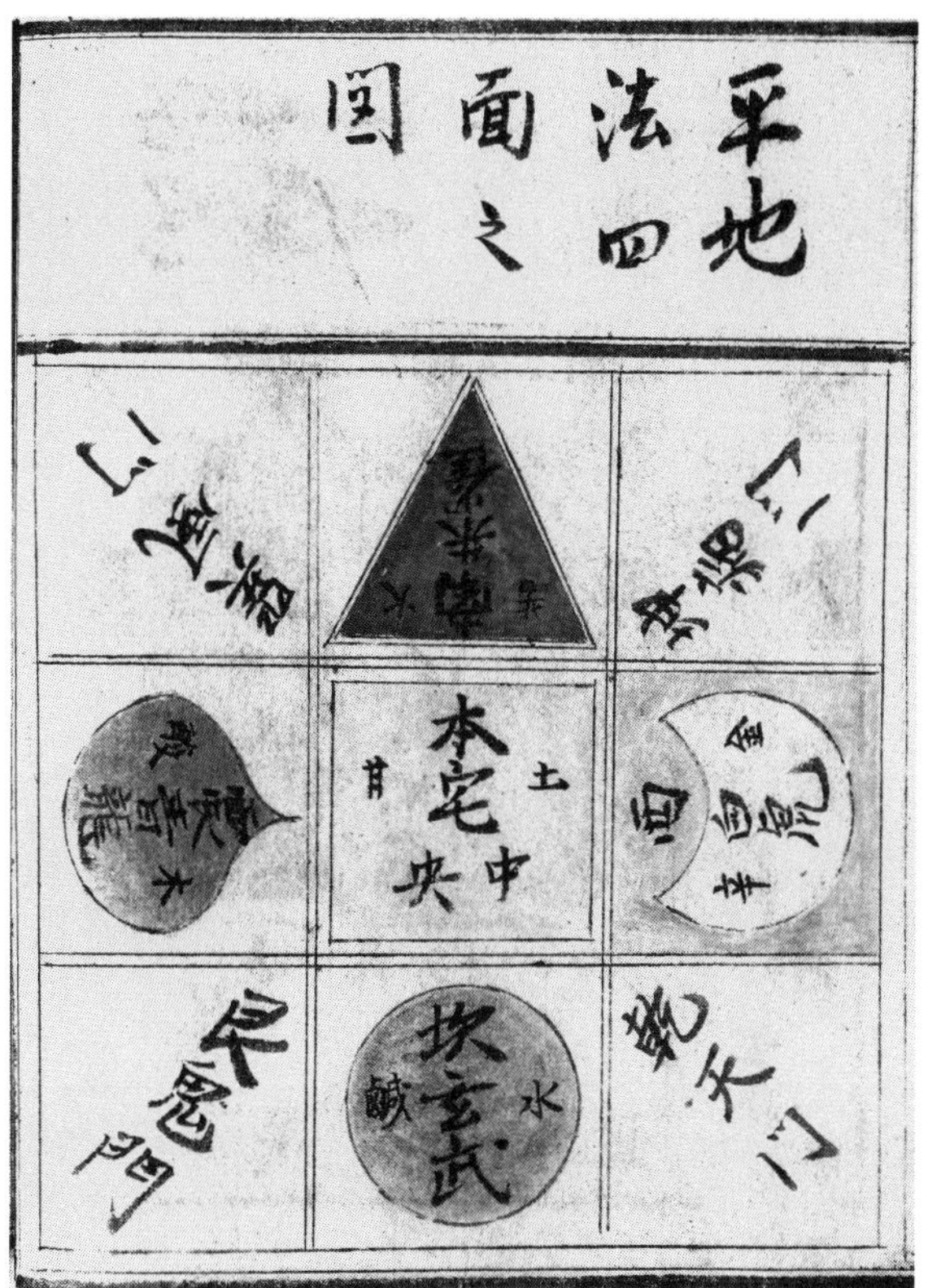

方位と、吉となる模様やシンボルの関係を示した「正義堂」の「備忘録」
（マインドアンティーク博物館所蔵）

神亀の紋様は象徴的なシンボルかもしれませんが、天皇家で執りおこなわれている五角形の亀卜占いに関連して書かれた『亀卜宅相秘抄』という本が杉本鉄幸によって大正初期に出版されています。亀の甲羅や五角形の板を焼いて、どのようなひび割れの形が現れるかによって、いろいろなことが予見できると説いています。

江戸期（万延時代）に書かれ、大正九（一九二〇）年に復刻した『永代大雑書三世相』は、各時代における占いのレクチャー本で、人間に霊的な影響を与える二八宿（天球を二八に区分したもの）はこのような形（125～126ページ）であると説いています。

月がどのような影響を与えるかなど、あらゆる占いの話が書いてある図鑑です。インド占星術の基になった本ともされています。

このほかに無意識の領域を使って未来を知る呪術も知られています。それが夢占いです。かつては崇神天皇も、誰に天皇位を継がせるかを夢で占わせて決めたと、『日本書紀』に記されています。皇子たちが見た夢の内容を解釈して未来を占ったのです。

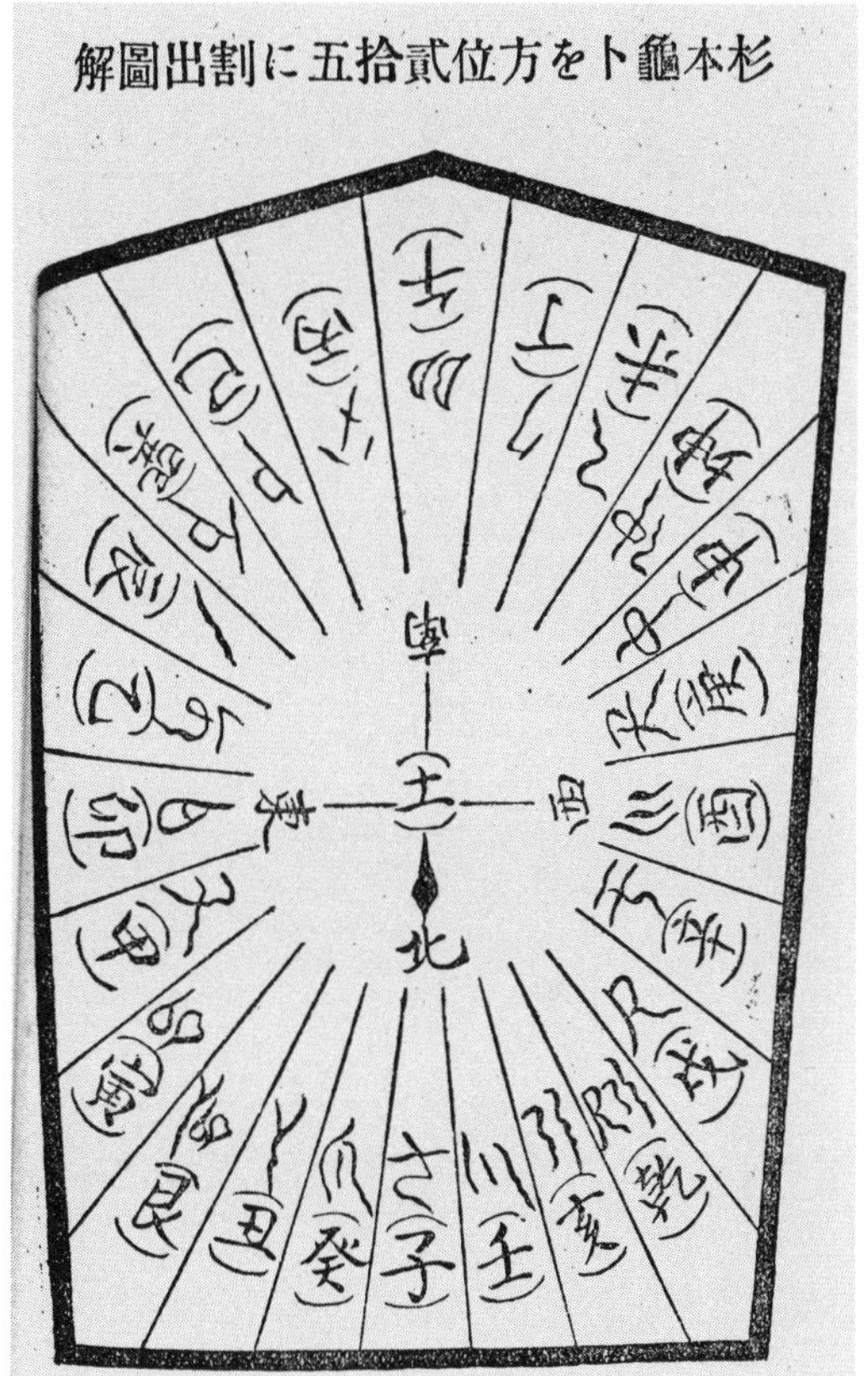

亀の甲羅を使った呪術を記した『亀卜宅相秘抄』(次ページも)
(マインドアンティーク博物館所蔵)

地相及び宅相之方位取方

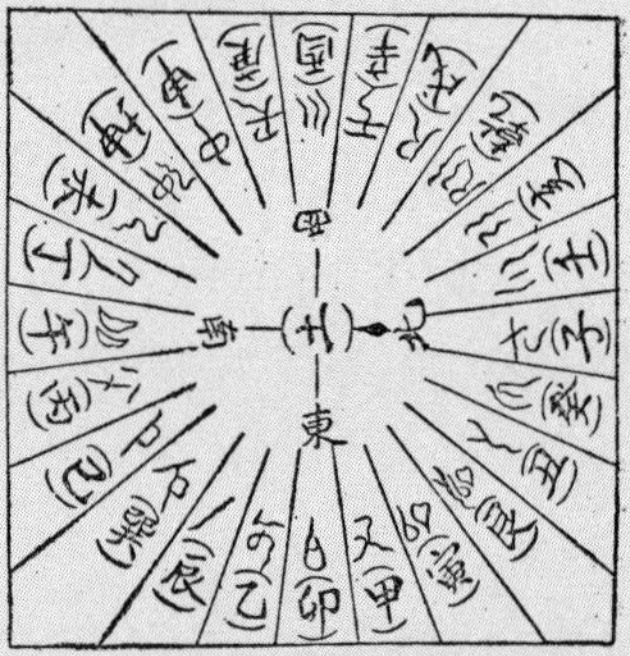

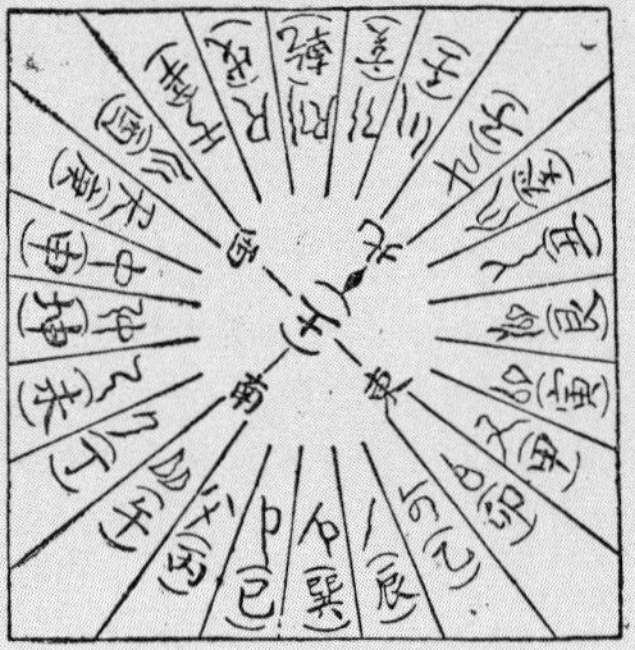

右之圖の如く正しき方位と經れたる方位とに因り貳拾五の配當が異るなり例へば正しき方位なれば隅が(巽)となり經れたる方位なれば隅が(午)となる

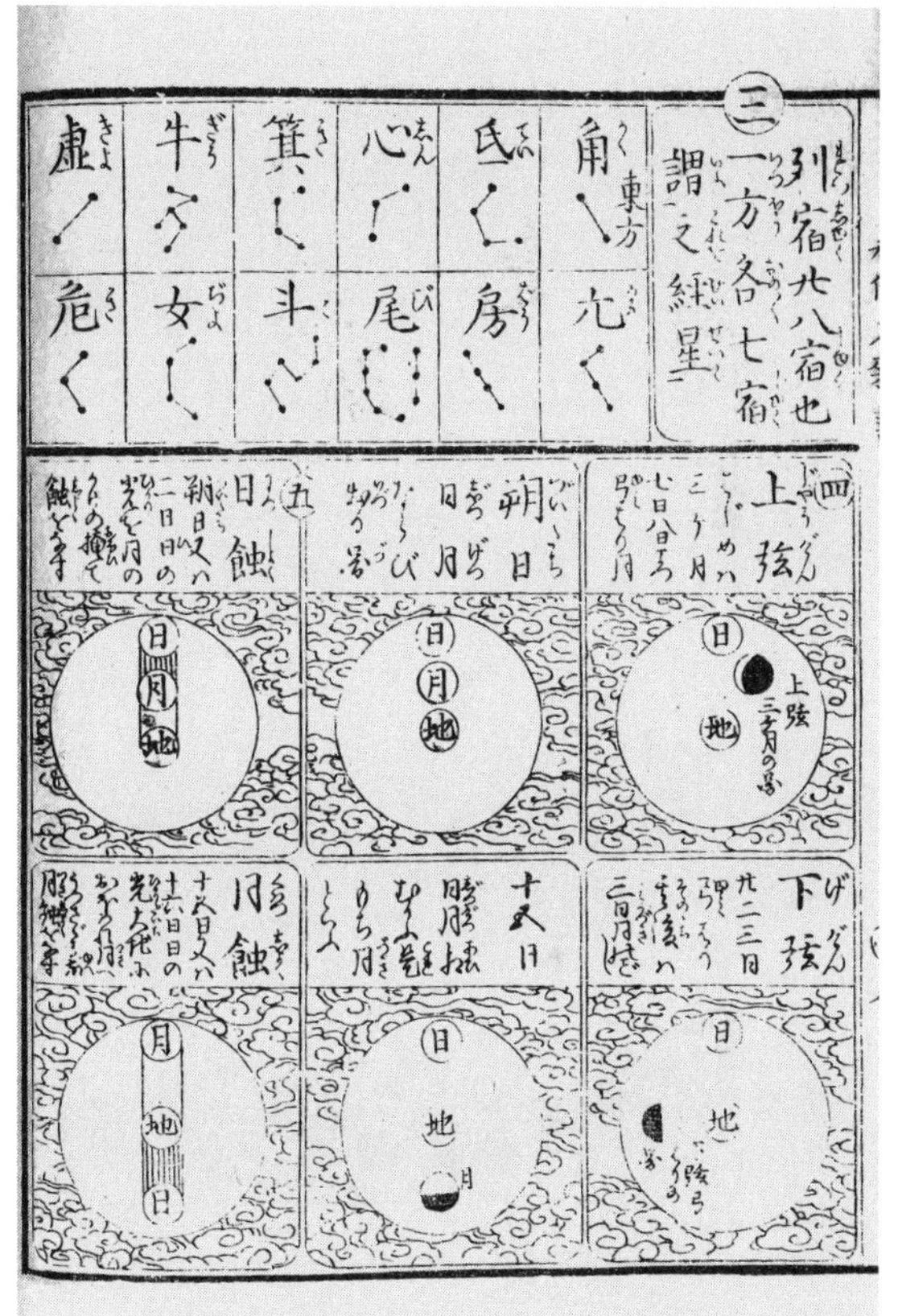

二八宿に分けて人間の運命を説いた『永代大雑書三世相』
（次ページも）（マインドアンティーク博物館所蔵）

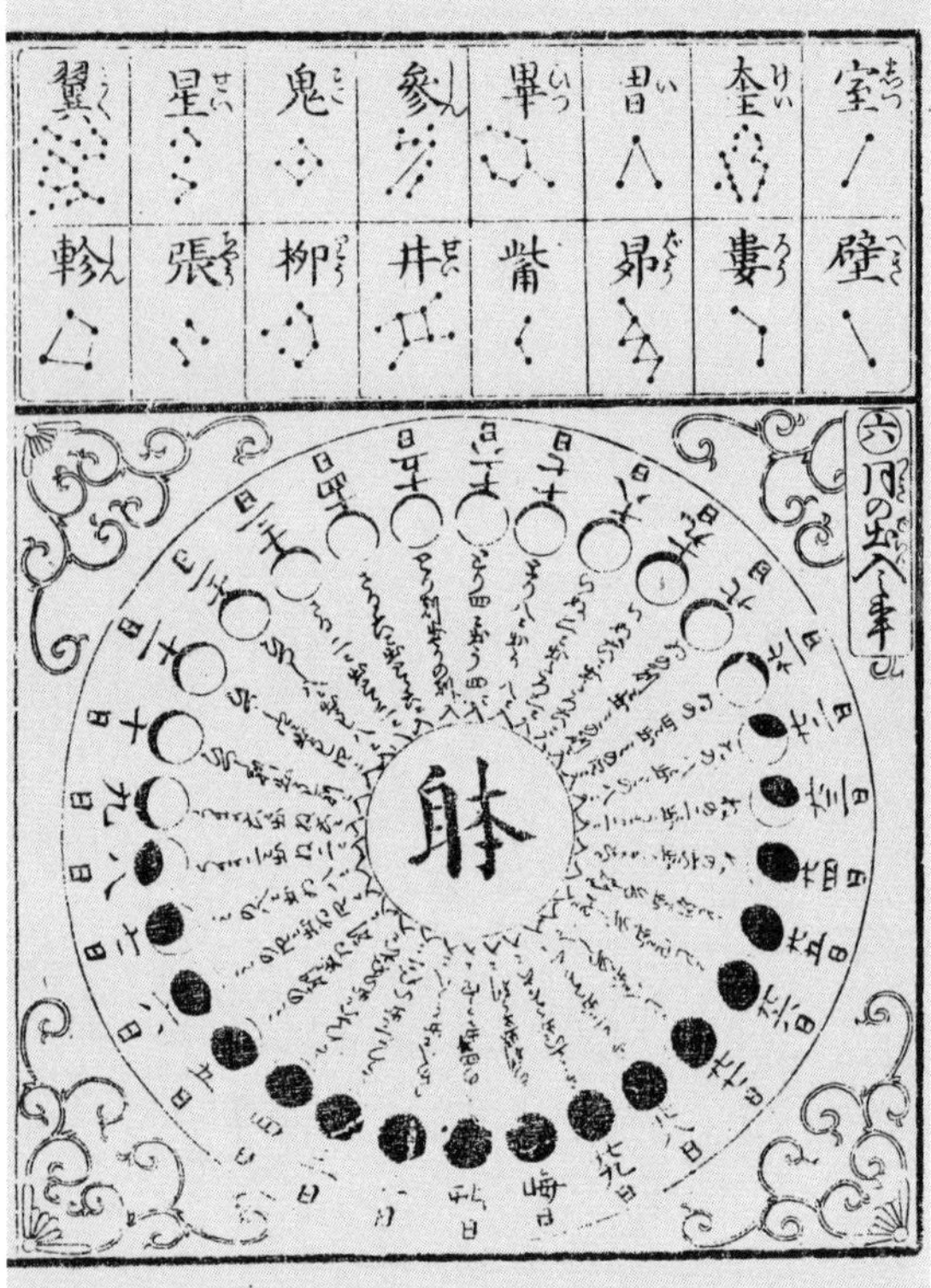

室
壁
奎
婁
胃
昴
畢
觜
參
井
鬼
柳
星
張
翼
軫
六
月の出入の事
躰

⑱催眠術・忍術に見られる呪術

催眠術や忍術も呪術であると見なすことができます。たとえば、催眠術を使えば、通常では考えられないような神秘的な力を働かせることができるからです。明治期に静岡師範学校（のちの静岡大学）で教鞭（きょうべん）をとっていた桑原天然（本名・俊郎。一八七三〜一九〇六）は、催眠術に興味を持って実験したところ、催眠状態にある人間が、透視や金属曲げ（現代のスプーン曲げに類する現象）をするようになったと自著『精神霊道・全』に書いています。

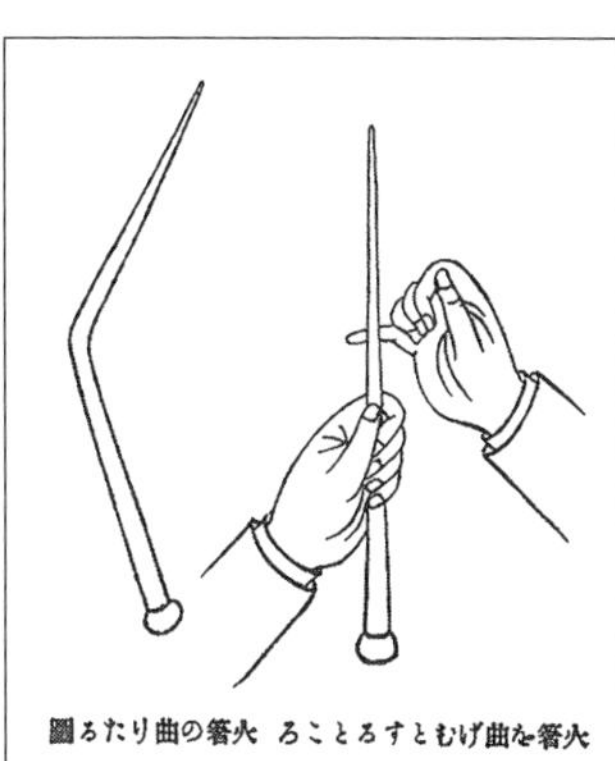

『精神霊道・全』に記された桑原天然の「金属曲げ」の図。今日のスプーン曲げの元祖が明治期にすでにあったことを示す。

同書には、硬い金属製の火箸を、「柔らかいものである」と催眠術で暗示を与えて被験者に小指でこすらせたところ、「く」の字形に曲がったことが記録されています。

東京帝大（現在の東京大学）の心理学部で催眠術を研究した村上辰午郎による実験の写真。生徒に催眠術をかけている。（マインドアンティーク博物館所蔵）

催眠術の研究は、明治から大正期にかけて東京帝国大学（のちの東京大学）でも実施されていました。同大学心理学部の機関誌には催眠術の広告が掲載されていましたし、村上辰午郎という人は、東京帝大生を被験者にした催眠術研究をしていました。同大学心理学科の福来友吉助教授が透視・念写実験で批判され事実上追放された後も、催眠術の実験を続けていました。村上が明治から大正期にかけて書いた『実験催眠術講義』や『村上式注意術』には、東京帝大生に催眠術をかけている様子や「プ

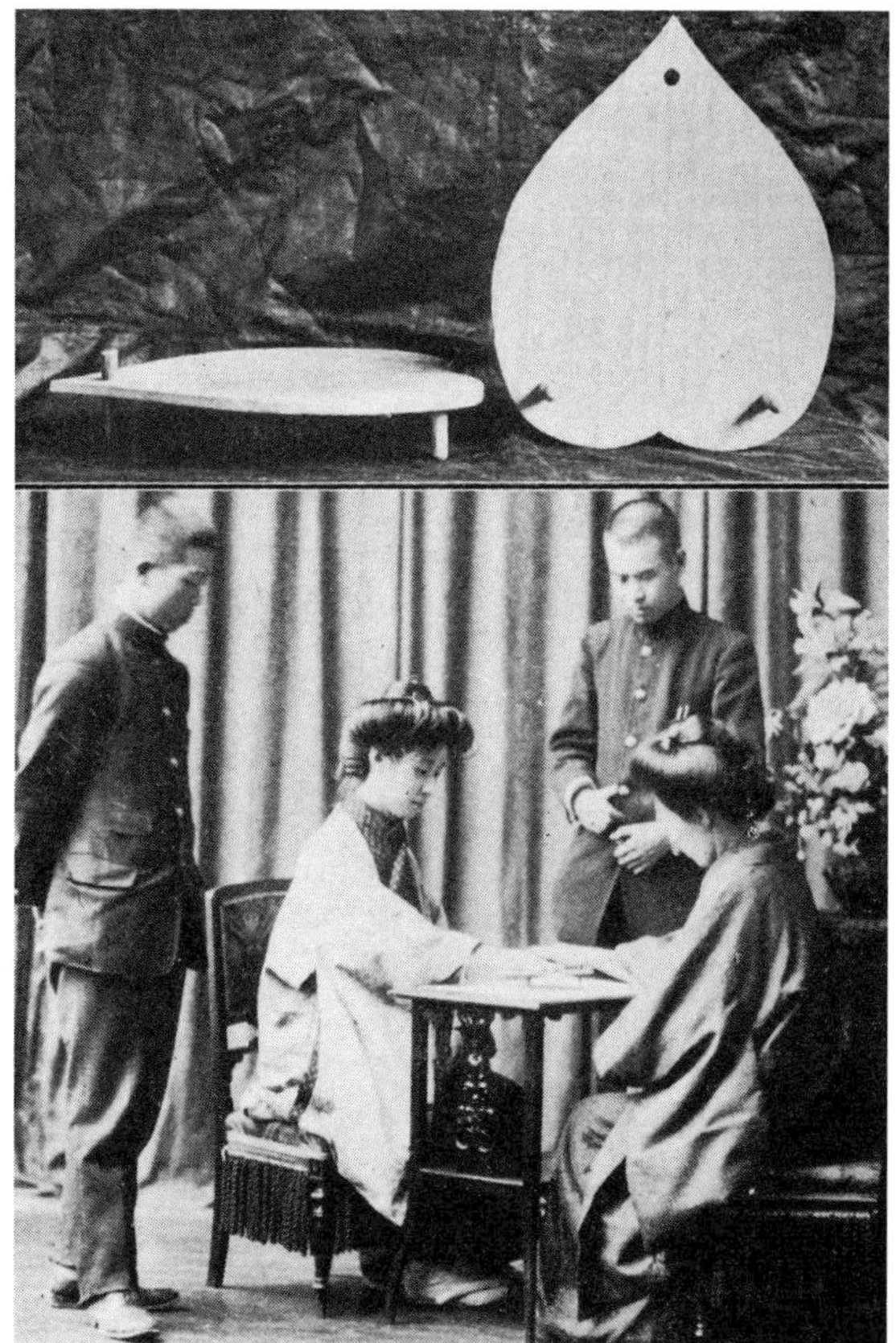

村上辰午郎によるプランシェット(コックリさん)の実験の写真
(マインドアンティーク博物館所蔵)

ランシェット」といって日本でいうと「コックリさん」の実験をしたときの様子を撮影した写真が掲載されています。

忍術もまた、人間に隠された潜在能力を引き出す方法に長けた呪術的要素に満ちています。正確にいえば、呪術と武術、それに心理戦を合体させたものが忍術といえるかもしれません。

甲賀流忍法を受け継ぎ、戦時中の陸軍中野学校で忍術を教えていた藤田西湖（ふじたせいこ）は、五〇〇本の針を刺す術を写真に残しています（21ページ）。あらゆる痛みを感じなくする術ともされ、ほかに熱湯を手で受け止める術や、ろうそくの火に耐える術、火渡りの術、石割を頭で受ける術などの方法が、藤田の著作である『どろんろん』『忍術からスパイ戦へ』『法力行（や）り方図解』にイラスト入りで説明されています。

藤田は陸軍中野学校創立者のメンバーとして、忍術などの教育と並行して、中野学校で千里眼（せんりがん）や九字など超能力的な技術、すなわち呪術を教えたとされています。

4章　現代人の役に立つ　あらゆる呪術の智慧

●似非(えせ)オカルトと似非科学

ここまで多くの呪術を紹介してきましたが、敵を滅ばしたり他人に呪詛(じゅそ)をかけたりするのが呪術の本質ではありません。

呪術の本質は、繰り返し意識して自己像を変えていくことに尽きます。自分の能力を使えるようにすることが目的なのです。人同士が呪った、呪われたという話ではないということを繰り返しいいたいのです。

現在のようにインターネットなどで呪いの言葉があふれるようになってしまった世界では、呪術を正しくとらえることが極めて重要です。

呪術は人を陥れるための怪しいオカルトではありません。私はそのようなオカルトをブラック・オカルトとか似非オカルトと呼んでいます。そもそも通説によれば、「オカルト」という言葉は、フランス人の魔術実践家・エリファス・レヴィ(一八一〇〜一八七五)や、神智学会のアルフレッド・パーシー・シネット(一八四〇〜一九二一)が広めたものだとされていますが、ラテン語のoccultus(隠された、秘密の)が語源です。日本にも古くから「神秘」という言葉があるように、「カルタ」という言葉の語源としてかなり昔から日本に伝わっていた「秘されたもの」「隠されたもの」を意味する言葉です。

本当のオカルト、いわばホワイト・オカルトは、非常に実用的で、自分の人生をどのような信念とイメージで構築するかということと深くかかわっています。オカルトは、人の心を宇宙と一体化させる、人間の寿命を永らえさせ、人間とその周りを幸福にするための技術です。それが呪術本来の姿なのです。そうした大切な技術だからこそ、隠された面があります。

自分が繰り返し使う言葉、繰り返し思い浮かべるイメージ、自分が思い描く自己像、それらを「思い描く強さ」が、呪術の強さを決め、運命力、開運力を強化します。

人間は信念の体系のようなものです。星占いや四柱推命（しちゅうすいめい）など広く一般に好まれる占いがありますが、占いの本当の意味は、「何を信じたいかということの交通整理」なのです。いい加減な占いを信じてしまった人は、その占いに沿って生きるしかなくなります。占いを信じるなら、面白い、歴史に裏打ちされた、長く伝わってきているものを選択すべきです。いまの生活に生かせる合理性もなくてはなりません。

科学は基本的に分けることが中心の学問です。分けるとわかりやすいと思うのかもしれませんが、自然界は分けたら逆にわからなくなることもたくさんあります。自然界は分けられません。

たとえば、人間の体はどこまでが体でしょうか。私は、人間は自然界を含めて生体エネルギーのコミュニケーションセンターとしての体があると考えることもできると考えています。その人が感じうるすべてが体である可能性もあるのです。

この肉体のなかだけが体だと決めつける必要はまったくないのです。人間の肉体は、常に環境的なものであるとともに、時空間を突き抜けた立体的なものであり、見かけだけの物質では推し量れないものなのです。

人間の体のなか一つをとっても、肝臓の働きが肝臓だけで閉じているということはありません。肝臓の働きだけでも、多くの体液の循環や他の細胞がかかわっています。腸や脳も関係し合っています。

東洋医学では経絡（けいらく）といって、目には見えない「力」が巡る経路があるとすら考えられています。親指と人さし指の間には「合谷」という場所があり、そこを押さえると下半身が元気になるとされています。科学的根拠はなくても事実そうなるのです。実際に足が疲れたときにこの場所を押すと、すぐに回復します。膝から指三本分下の脛の脇に「三里」というツボがあり、そこを押さえると三里（約一二キロメートル）歩けるということで、そのように名づけられました。科学ではこの現象の因果関係を説明できません。

その点、ホワイト・オカルトとしての呪術は、「命の拡大」につながります。生命力の新たな活用法が身につくのです。とにかく体験すれば理解でき、世界が広がるのです。

呪術には実生活に役立つ経験値が詰まっています。それは人類が気づいてきた最高の知性でもあります。とにかくインターネットに載っている情報と似非科学に謀られないことが必要です。ネット情報と科学をあまりにも一方的に信じるようになったから、人類はいま、精神的に大変危機的な状況に直面していると私は深く感じています。

その危機的状況を打破するためにも、この章では人間の生命力を活性化し、心を豊かにする本当の呪術を紹介しましょう。

●三種類から成る呪術の体系

呪術には三種類の体系があります。先に紹介したさまざまな呪術とも深くかかわってきますので、それらを詳細に見てゆくことによって、呪術がいかに奥行きの深い世界か、いかに実用的であるかをはっきりさせていきましょう。

⑴逆転系呪術

一時期、心理学や精神科学的な「お墨付き」を得るような形で、ポジティブシンキングが大変流行りました。逆にネガティブなことをいうと皆から怒られたり恨まれたりする風潮すらありました。

それはそれでいい面もありますが、多くの人はネガティブな言葉を怖がるあまりに、意識的にポジティブな言葉を使うようにしているようにも思われます。

実は残念ながらネガティブを怖がっているポジティブシンキングは、まったく役に立ちません。だから世の中は変わらないのです。ポジティブシンキングが流行ってこの三〇年間、ポジティブシンキング的な自己啓発セミナーが目白押しという状態がありましたが、世の中が良くなったようには思われませんし、コロナ禍による精神的な落ち込みを防ぐこともできませんでした。

その点、この「呪術」の思考はポジティブシンキングとはまったく違います。逆にネガティブをどのように活用するか、なのです。つまり、人間がネガティブなイメージで感じる恐怖、運の悪さ、貧困、飢え、血なまぐさいことなど、私たちがマイナスだとしてそのイメージから逃げているものを、どう整理し、どう恐れなくするか、というのが呪術の基本なのです。

もちろん、ポジティブシンキングがいらないといっているわけではありません。どれだけ早く情熱と希望を味わいながら目指すゴールに向かうか、ということを考えなければ、やはりゴールには到達できません。それはそれとして、ネガティブを逆手にとれば、よりスムーズにゴールにたどり着くことができるのです。

ネガティブを反対のポジティブに持っていく最も極端な例を挙げると、古代西洋呪術には死刑になった極悪人の死体の手首だけを使った呪術があり、日本でも首吊り自殺に使われた木を使う呪術があります。一般人からしたら最低で、かつ最も悪魔的呪術です。しかしそれは悪い呪術ではないのです。

たとえば、極悪人の手首に蠟(ろう)を塗って、その指先に火をつけて蠟燭(ろうそく)として使いながらさまざまな呪術をおこなうと、その呪力が強まるという西洋古典呪術の思想まであります。その手首がある種のホーリーグッズになるわけです。

首吊りの木も同様で、船具に使うと豊漁になるというジンクスを信じて、わざわざそうした木を買い取ることもあるといいます。船のご神体である「船霊(ふなだま)様(さま)」を首吊り自殺の木でつくったこともあったそうです。怨霊を恐れて、菅原道真を天神様として祀るのもこれに近い呪術です。

これが「逆転系呪術」と呼ばれるものです。最低のものは即最高のものにつながっているという思想が、逆転系呪術の哲学です。何か最低のことがあったときに、実はそのすぐ向こう側に最高のものがあると考えるのです。

もちろん、この方法を勧めているわけではありません。でも、あなたの人生で最も嫌なイメージを頭のなかで反対に書き換えることで、パワーが出てくるのが、この呪術の真意です。

易（えき）にも同じような哲学があります。「地火明夷（ちかめいい）」という卦（け）で、真っ暗闇で運命のどん底にあるという意味です。人生にはそのような瞬間も確かにあります。しかし同時にこの卦は、その瞬間であろうとも、蠟燭一本、マッチ一本の灯があれば、すべてを照らすことができるということも意味しています。

最低を最高に転じる。これが反転呪術、逆転系呪術の考え方のもとになっています。最も恐れているものや嫌なものに対して、自分が強くなったという実績を与えるわけです。すると、恐れているものに対する恐怖を克服することが可能になります。

成功哲学の分野では、人生において、絶対越えられないと思われるような高く厚い壁が立ち塞（ふさ）がったとき、その壁の向こうには、壁の高さと同じくらいの財宝があると考えます。

事実そうなのです。クルマにはねられる事故に遭うことは、人生で最悪のことです。決して望んでするのではありませんが、その直後に宝くじを買うと、当たるということがよく起こるといわれます。クルマの当たりが宝くじの当たりにつながると考えられるのです。

最も恐れているものを克服したときに、強運が訪れます。最も恐れているものを乗り越えることの意味は、最も素晴らしいものに向かうためのものであるという考え方が大前提にあるのです。

ただし、人殺しが怖いからその人殺しをしてみるということでは決してありません。あくまでも「自分が恐れ、忌み嫌っていることを克服する経験を積み上げながら、同時に他人を喜ばす精神を養う」ということを学ぶことなのです。

⑵シンクロ共鳴系呪術

似ているもの同士はテレパシーが伝わりやすく、似ているもの同士は共鳴するという現象を利用した呪術を共鳴呪術と呼びます。呪術史研究の大家ジェームズ・フレイザーの研究書にも書かれていて、類感呪術ともいいます。似ているものは同じような目に遭いやすいといえるかもしれません。

生き別れになった双子のケースでよくいわれることですが、結婚した配偶者の名前が同じだったり、偶然住んだ番地まで一緒だったという話があるのはこのためです。

この呪術の肝は、相手と同じような形をつくることです。たとえば、相手がよく着るイメージの服があったら、それと同じような服をつくります。それを持っているだけで、相手に自分の念が届きやすくなります。

芸能人のブロマイドを持つという行為も、同じような呪術なのです。それを持っているだけで、タレントのパワーを感じて幸せになります。シンクロ共鳴系の呪術は、芸能人のファンが、芸能人が触ったものを持ったりするのと同じです。それによって、元気になったりできるわけです。

相手の顔写真を使ったり、プレゼントした手編みのセーターと同じ柄のセーターを自分で持ったりすることによって共鳴させて、いろいろな思いを遂げることができます。太陽と同じ形の絵を描くことによって、その絵に太陽の霊的パワーを宿らせることもできるのです。富士山のパワーを身近に置きたいので、富士塚をつくるのと同じことです。これらはまさしくシンクロ共鳴系呪術です。あやかり呪術と呼んでもいいかもしれません。

茶道の世界でも、四畳半の狭い空間を、野山などの荘厳な自然に見立てます。つまり、大自然や宇宙を四畳半の茶室と共鳴させます。茶碗がどこの土を焼いてつくられた陶器で、どこの水を使ったか、どこの茶葉を使ったか、どの服を着ているか、茶筅（ちゃせん）の形や色などに思いを馳せることによって、自然と一体化するのです。茶室では、大自然が目の前にあるわけです。

武士たちが昔、茶の湯をたしなんだのは、茶室に入ることによって、自分たちの荒々しさが自然と共鳴して鎮まり、相手の怨念も綺麗（きれい）に流されることを知っていたからです。大自然と再結合することによって心が癒やされていくのが茶道です。シンクロ共鳴系は非常によく使われる基礎的な呪術といえます。

(3)代理系呪術

自分ではなく、何か代理物に呪わせるという呪術で、よく使われる基礎的な呪術です。藁（わら）人形や木簡人形も代理系呪術の一種といえます。人の形を使う理由は、私たちが人の形を見ると、すでにそこに何か命が宿っていると自然に思うようにできているからです。事実、人形には精霊が宿ると古くから考えられてきました。

主にそれを田舎の神社の木に打ち付けたりするのは、樹木の魂を人形に宿すためでもあります。お百度参りして、藁人形に命を吹き込みます。そして、人形に向かって「お前が打ちつけられているのは、あいつのせいだ。あいつを呪え」と念じたりするわけです。

絵馬も同様です。絵馬はもともと、五芒星の形をしています。おそらく絵馬の原型は、昔、太占をおこなった亀の甲羅を模したのではないでしょうか。五角形は願望を実現させるためのグッズです。その絵馬にいろいろな願望を書くと、絵馬が宇宙や社会にその願望を届けて叶えてくれると考えるのです。

これらが代理系呪術です。

(4)代償系呪術

代理系呪術に似た名称で、代償系呪術というものもあります。代償を払うことによって願望を実現させる呪術です。何かを得たいときに、少し代償を払います。代償はなんでもかまいません。募金箱にごく少額のお金を入れるとか、何かのために役務・労働をするといった代償行為もあります。何かをちょっと土に返してあげる、たとえば、植樹をするなども代表的な代償呪術です。そうしたことによって、何か一つの願望を成就させようとする呪術です。

私たちの社会、特に商業の世界は、まさにこの代償呪術によって成り立っているといっていいでしょう。ちょっとしたサービスをする、ちょっと人を喜ばせる、商品にいろいろな価値を付加させる、コマーシャルをする——これらの代償的行為によって大きく得られることがあるわけです。先に代償を差し出すことによって、利益を得ます。ビジネス成功技術の基本は代償呪術にほかなりません。

成功するための古典的な法則を考えた海外のモチベーターたちによれば、とにかく何か得たいことがあったら、第一法則は目的やイメージをはっきりとさせることで、第二法則は何を提供できるかを考えることでした。キリスト教でも幸せになるために、収入の一割を神様に捧げなさい、教会に寄付しなさいという教えがあると聞きます。これらも一種の代償系呪術といえるかもしれません。

自分が神様に近づくために懺悔(ざんげ)をするのも代償系呪術です。恥ずかしいことや苦しいことを神父に吐露(とろ)するという代償を払うことによって心が解放され、力が出てくるのです。

(5)自然加勢系呪術

これは自然を味方につける呪術です。多くの呪術の基本の一つで、特に陰陽道では、自然のタイミング、自然の風景、五行など自然の要素が自分の味方になるというイメージを強く持ちます。こういうことをおこなえば火が味方になるとか、風が味方になるというように、自然のさまざまなイメージと自分が一体化したと思うことによって、念の力を強めたり、呪術を完成させたりします。

たとえば、山を大切に感じることによって、山に蓄えられている宇宙の力と一体化したとイメージします。自分に宇宙の大いなる力が宿っているのだ、と。すると、それだけで念の力が増すわけです。ある特定の場所に住むことによってパワーが得られるのも、特定の植物を植えることによってパワーが得られるのも、この呪術が働くからです。

かつて西洋文明において魔女と呼ばれた人たちは、キリスト教が断罪したような、悪魔と契約した女性ではありません。キリスト教誕生以前からいた巫女(みこ)たちと自然界がもたらす薬草などの医術が生み出した体系を実践していただけなのです。彼女たちは定期的に、特定の季節の特定の月が出る晩に、森でいちばん大きな木の周りや水辺に集まって、キャンプをして火の周りで踊ったりしました。彼女たちがそうしたのも、自然から加勢をもらえることを知っていたからです。

実は近代の私たちに最もよく受け継がれている呪術が、この自然加勢系といえるかもしれません。私たちは現在、パワースポットにいったり、山に登ったり、水辺でキャンプしたりして、同じことをしているからです。旅行にいくとリフレッシュできたり、運が良くなったりするのも、この呪術が働くからです。

そこにはまったく科学的根拠はありません。しかし、そのような科学的根拠がなくても、自然が加勢してくれることを知っているから、私たちは大自然へと旅立ったり、自然豊かな寺社へお参りしたりするのです。

仏教徒でなくてもお寺にいくし、無宗教でも神社へお参りにいきます。科学しか信じない人でさえ、風光明媚（ふうこうめいび）な山にいけば、山など自然の力を感じることができるのです。

人間には自然の力を感じるセンサーが備わっているのです。逆に機械でそれらを測ることはできません。私たちは、本能的に自然加勢呪術があることを知っているのです。ですから、最も多くの人が使いやすい呪術であるともいえます。

(6)思い込み、思い込ませ呪術

ちょっと変わった呪術ですが、これも実は非常によく使われるものです。たとえば血液型性格判断や占星術や四柱推命（しちゅうすいめい）。これらの占いや判断には、科学的根拠はまったくありません。占星術はそもそも当時の天体の運行を計算しているといわれていますが、その計算にはズレがあることがすでに何度も指摘されていますし、一二星座の位置も合いません。血液型占いも四柱推命も論拠が乏しく、科学の側は「それ見たことか」と占いを否定します。

ところが問題は、最も科学的根拠のないとされる血液型性格判断でさえ、いまは当たっているという事実があります。それが思い込み呪術・思い込ませ呪術の凄いところです。

社会が一〇〇年間、継続して思い込めば、現実もそうなるというのが、この呪術の肝です。多くの人が、O型やA型の性格はこうであると思い込むことによって、影響を受けて実際にそうなってしまうわけです。

最近話題になっている、「男はこうである」「女はこうである」というイメージがつくり出すジェンダーの問題も、この呪術がかかわっているように思います。何度も何度もジェンダーのイメージをつくり出すことによって、人々はそのイメージの虜になるのです。

最近になってようやく、ジェンダーに関する特定のイメージを人々に思い込ませてはいけないという動きが出てきましたが、今度はジェンダーレスというイメージにどういうイメージを持たせるかという刷り込み合戦もはじまっています。

ある特定の企業のイメージが私たちに刷り込まれることはよく起こります。テレビの音声や映像を使った広告も、思い込ませ呪術の一つです。「スカッとさわやか」といえば、私たちはすぐに「コカ・コーラ」と答えてしまいます。「M」の字を見たら「マクドナルド」が浮かんでしまうような現象も起こります。

政治の世界では、この刷り込み呪術を「印象操作」という言葉を使ってメディアを批判するようになりましたが、実はそれを最も活発におこなっているのが、権力の中枢にいる人たちです。まさに呪術合戦。思い込み、思い込ませ呪術は、政治の世界では日常茶飯事です。

これは非常に恐ろしい呪術で、最悪の場合、大衆がそれを信じて、本当に心優しい、本当のことをいっている個人を血祭りにあげるようになります。そのようなことが、歴史上、何度も繰り返されてきました。

世界では異なる宗教勢力による紛争が今日も収まることがありません。その原因がもし宗教の教義にあるとすれば、宗教自体がいかに愚かであるかといわれても、反論のしようがありません。戦争をする宗教に正義はあるでしょうか。その意味で、宗教は思い込み、思い込ませ呪術の最たるものであるのかもしれません。

宗教は確かに、人が幸福になるための知恵を示した「大切にすべき考え方」です。それを認めたうえで、何を信じるかが社会的責任なのだと私は思います。

(7) 悪意返納呪術

これは受け取った悪意をその人に返す呪術です。人の悪意や人の邪念を、自然に相手に返してしまうことができます。中国では、大勢の人が出入りする場所には中央付近に鏡が置いてあります。八角鏡という八角形の鏡で、人の邪視（じゃし）や邪念、悪想念を相手に跳（は）ね返したり、戻したりするとされています。また中国では、昔から「璧（へき）」といって中央に孔（あな）のある円板状につくった玉やガラスの製品を首からぶら下げたりしていました。これも悪意返納呪術の一つです。

ネックレスやペンダントなど、ハートのチャクラの辺り（胸の中央）に首からものを吊るす習慣は世界中にあり、もともとは悪想念を受けずに、悪いものを相手に返すために生み出された呪術なのです。そうした呪術の背景に、人の悪想念は心臓を狙うと考えられてきたことがあります。だから心臓付近に「璧」を吊るしておいたのです。

特に女性がペンダントやネックレスを首からかけるのは、男性からふしだらな思いや念を受けることが多いからです。それを返納して浄（きよ）めるために、ペンダントやネックレスが必要だと考えられました。

同様に女性がイヤリングをつけるのは、悪口を聞かないで済むお呪（まじな）いともいわれます。口紅は、邪気が口から入らないようにするための呪術です。アイシャドウは、良いものを見つけやすくするための呪いです。ブレスレットをしたり、急所を宝石で飾ったりするのは、邪気を自然に相手に返すための呪術なのです。

これらはすべて、人から送られる悪いものを、自然に意識しないで相手に返すことができる呪術であり、それによって、こちらは悪意にまみれずに済みます。ただし、こういった「意味」がしっかりわかっていることが重要です。

悪意の呪術をかけるには、相手にも悪意を持たせなければなりません。そこで、同じレベルに陥ることのないように、悪意に染まることがないように、自分を浄めるための呪具がペンダントやブレスレットだというわけです。

これに関連して、「微笑み返し」、「よいしょ返し」という返納呪術もあります。笑顔は悪意を返す最高の呪術です。お世辞をいって返すのも効果があります。挑戦的なことをいってくる人には、特に効果があります。お世辞をいったほうが勝ちなのです。

古い伝統的な呪術が生きている京都や大阪では、ツッコんで笑いで返すという文化があります。これも悪意返納呪術の練習なのですが、関西の人が東京にきて同じことをすると、関東の人は怒って黙ってしまうので、これが通用しません。

ツッコミをボケで返す会話自体が返納呪術トレーニングであり、これによって社会が円滑になるという技術があるわけです。漫才の掛け合いは、ある種の呪術の学習なのです。ですから漫才は、どのように返したらことがスムーズに運ぶかを学ぶ場であるともいえるかもしれません。

お笑い芸人は、皆を笑わせると「受けた」といいます。笑わせて、笑いの良い気が自分に返ってきて、初めて受けることができるわけです。受けるのは、その技を認められて初めて完結します。人の愛情を受けて、初めて「受ける」ことができるのです。

(8)プロテクト呪術

悪意返納呪術に似た呪術に、プロテクト呪術があります。返納呪術と違う点は、単に防ぐだけということです。自分の身の回りに、シンボルを描いたりしします。道具を使うのはチャーム呪術とか呪具呪術と呼びますが、これは正確にいうとプロテクト呪術ではありません。

ものがなければ防げないというのは、弱い呪術です。逆にいうと、武器がなければ戦えないというのも弱いからです。優秀な武器をつくって戦争をする大国は、呪術的にいえば、世界で最も弱い国かもしれません。核兵器を持っていなくても世界有数の国力を持つ日本は、実は滅茶苦茶（めちゃくちゃ）に強い「呪力国」だといえるのではないでしょうか。

ここが非常に大事なところです。武器や呪具に頼ったら、その時点で弱くなります。

日本にはプロテクト呪術が非常にたくさんあります。とにかく根拠もなく守られていると思うのが日本です。また、根拠もなく強いシンボルを身に着けたりするのが日本人です。たとえば、日本の国旗は単に太陽が一つ描かれているだけです。「私たちは太陽です」と言い切るところに、非常に強い呪術が存在します。太陽の根本にあるのが、日の本である日本だと言い切っています。

日本人はどこからきたのか、日本人とはなんなのか、学術的には定まっていません。にもかかわらず日本人は明確に日本人の誇りを持っています。これはある意味、科学と相いれない考え方です。

実は根拠を問う科学的な考え方というのは、このプロテクト呪術を弱くさせます。根拠がなければプロテクトできないと考えるからです。しかし本来、人間は根拠なく、愚直に直感に従うほうがいいことも多いのではないでしょうか。

理由もなく強いと思い切ることが、このプロテクト呪術の要(かなめ)なのです。その点、一九七〇年の日本万博で「太陽の塔」を制作した洋画家の岡本太郎(一九一一〜一九九六)はプロテクト呪術の権化(ごんげ)のような人です。「グラスの底に顔があってもいいじゃないか」などのキャッチフレーズは愚直な直感そのものです。

強いと思い切ったほうが勝ちなのだといったら言い過ぎでしょうか。八角形、六角形、五角形、剣の形でもなんでも良いのです。見て強そうだと思うものを、愚直に信じ切る。それらをどこかにプリントしたり、空中に描いたりします。ここから九字を切るとか、印を切るという発想が出てきたのです。それがプロテクト呪術の真髄(しんずい)です。

指を絡めて印を切る九字もありますが、基本的には空中に五芒星や格子状の図形のシンボルを描くことが印を切ることになるのです。お日様の「日」でも「炎」でも「水」でもかまいません。そうした図形を描くことによって自分を強くし、邪念や悪意から自分をプロテクトするのです。

他国が戦闘機で領空侵犯したり、領海内に軍艦を派遣したりしているのに、武力を行使できない日本は、一見、弱い国に見えます。ところが自国の状況を見ると弱いのに、その状態に疑問を持たないということは、日本人は皆、妙に自分の霊性には強気だということです。

「日本は攻撃されると神風が吹く」と純真に信じている人が多いのも事実で、原子爆弾を載せた軍用機「エノラ・ゲイ」は何度も風で押し返されたといいます。鎌倉時代の元寇（げんこう）の際は、二度嵐がきて、元軍の船の多くが沈没するということが起こりました。

本格的な国家的危機に日本が直面したときには、何かが起きると皆、心のどこかで信じているのかもしれません。

もちろん失敗もあります。日露戦争の際に連合艦隊の作戦参謀の秋山真之の霊夢などによって無敵とされたロシアのバルチック艦隊を破って戦争に勝ってしまったのでいい気になり、その後は奈落の底に落ちていきました。

少し脱線しましたが、プロテクト呪術は、他人からの悪い想念を止めて影響を受けないようにする呪術です。「水に流す」という表現があるように、水がよく使われます。火にかけて燃やすという方法もあります。水と火はよくプロテクト呪術に使われます。木の枝で体を祓ったりするのも効果的なプロテクト呪術です。

木火土金水（五行）を使う呪術は、日本人の根幹の強さとかかわっている呪術だと思いますが、行き過ぎると失敗します。

問題は、自分のはやる気持ち、いき過ぎる感情をどうやって自分でいき過ぎないようにコントロールするか、です。プロテクト呪術をやり過ぎてもうまくいきません。適切な度合いの「正しさ」が必要だということです。何度もいいますが、正しさの「正」は一線で止めると書きます。「正」は非常に象徴的な文字で、やはり私たちは自分の内にある悪感情の制御をしなければいけません。

覚えておきたい真実は、攻める感情のない人を攻めることはできないということです。その人に攻める気持ちがあるから、悪感情が引き寄せられると考えてください。殺気を殺すことによって相手に勝つ、武士道の精神に近いものがあります。殺気を持っているうちは勝てないのです。

(9)自己像強化系呪術

プロテクト呪術と共通する要素を持つ、自己像強化系呪術という呪術もあります。自分を強いと思い込む呪術です。肉体的に体力がなくても、根本的なところは強いとか、言葉やイメージなどいろいろなことを駆使して、自分が強いと思う信念を強化します。

典型的な例は、未来に成功している自己像を置いて、もう未来では成功している自分を思い描きます。そして、その未来の自分から現在の自分を見る呪術体系です。自己像強化呪術のなかではこの方法が最強で、特にビジネスとか成功哲学の世界ではよく使われています。

強い自分や理想の自分を未来に置くことは、非常に強い呪術なのです。すでに未来においては成功している自分がいるのです。未来を過去形で考えます。化粧をしたり、エステにいったりするのも、この呪術体系に属します。ファッションを変えて、オシャレな人や強い人になり切るのも、自己像強化系呪術です。ブランド品を身に着けることによってパワーが宿ると考えるのも自己像強化系です。パワーのある友達を身近なところに引き寄せて、一緒に遊ぶことによって自分にもパワーがあると考える方法もあります。

基本的には、強さというものを自分の価値基準のなかに持つことです。そのことが自己像を強くします。自分のことを強いと信じた人間は、人を褒められるのです。人を見下さなくなり、他人を恐れることもなくなります。すると、自然に人前で笑えるようになります。人にも優しくなれます。人に優しくできる人間は、本当に強い人間です。

群れる必要もありません。最終的には自分個人が本当に強くなればいいのです。私と宇宙、私と神、というしっかりとした関係を構築することです。

⑽神仏精霊系呪術

特定の神、仏、精霊と一体化する呪術です。植物の霊、太陽の霊、神様、自分の宗派が認める偉大なる存在、宇宙の意志、キリスト、マリア、ムハンマドなど、信じられるもの、あるいは先祖が信じてきたものを信じることです。そことつながって、彼らと一体化していると考えることです。それらの霊的な世界と自分はつながっていると考えることによって、死の恐怖を越えることさえ可能です。

一部の過激なテロリストは、自爆してもあの世で美女が出迎えてくれると考えているから死ねるともいいますが、当然ながら、死の恐れを越えることは、生きて幸せになるために使わなければ意味がありません。

この呪術においては、やはり先祖の精霊が自分のなかで生きて守っていると考えることが基本でしょう。

⑾廻念(かいねん)系呪術

これは何度も繰り返すという呪術です。繰り返すということは、非常に強い呪術としての力を持ちます。毎回同じ言葉を唱えることが大切です。「私は成功する」とか「富、元気、富、元気」と唱えるのもいいでしょう。それだけで成功したり、健康でお金持ちになったりします。私も最初は半信半疑だったのですが、やってみたら結構うまくいきました。お小遣いがないときに、「富、入金、富、入金」と何度も唱えていたら、予想外のお小遣いが入ってきました。

「強健」とか「パワー」という言葉も強く、何度も唱えると元気が出てきます。

「ここにいま、私は光であり、パワーである」「私は強健である。私が富である」と唱えるのも良いでしょう。

注意すべき点は、「得たい」という願望の言葉を唱えないことです。「得たい」と唱えた瞬間に「得なくてはいけない」という悲壮感が生じるからです。すると、富を得るためにそれまで経験した辛労辛苦(しんろうしんく)をなぞらなくてはならなくなります。富を得るためのプロセスに焦点が当てられてしまうからです。

ですから「得たい」とか「したい」といった願望は唱えずに、未来完了形で富、健康、財宝、パワーとだけいっているほうがずっといいのです。すでに豊かで健康である未来の自分を設定するだけでいいのです。

声に出す必要はありません。とにかく、そのイメージを繰り返すことです。それは音楽を聴くことと似ています。音楽は一種の廻念呪術といえます。

先日、私が昭和歌謡のYouTubeを夜中にずっと見ていたら、驚くほど暗い歌詞ばかりでした。「私バカよね、おバカさんよね」とか「うしろ指、うしろ指さされても」とか「こんな日はあの人の想い出まくら」とか「あなたお願いよ、席を立たないで」など否定的な歌詞が次から次へと出てきます。

このような暗い歌詞を皆で聴いた時代はある意味凄いですが、それを聴いていた私は、ネットを見たまま疲れて眠ってしまいました。そして朝起きたら、ヘトヘトでした。これも廻念系呪術の影響といえます。

歌はまさに繰り返しの世界ですから非常に高い呪術性を持っています。ですから、聞くにしても歌うにしても、歌詞は非常に大切です。つらい内容の歌詞のみ歌う歌手は、やはり幸せになっていないように思われます。短命、薄幸（はっこう）である場合も少なくありません。

ただし、歌手の元気さによって相殺されることもあります。たとえば中島みゆきさんの歌はきわめて暗いものが多いですが、本人のパーソナリティは滅茶苦茶明るいので、うまくバランスが取れているのではないかと思います。しかし、性格も暗くて、暗い歌しか歌わなかったら、自分自身が唱える呪術によって艱難（かんなん）辛苦に陥るように思われます。

逆に明るい歌を歌っている人は、挫折があっても妙に明るく生きています。

歌は怖いと思います。歌うなら明るくて希望のある歌を歌いたいものです。

⑿イメージ拡大強化系呪術

とにかく「大きいことはいいことだ」的な呪術です。大きく、元気に、パワフルに祈るのです。なんでもいいから大きくイメージすることによって、すべての呪いやすべてのネガティブな要素から解放されます。すべての悪辣(あくらつ)な呪いを避けることができます。

たとえば、朝起きたら世界平和や宇宙の平和を大きくイメージするのです。そもそも常に世界や宇宙の平和を強く思い描く人に、悪霊が取り憑くはずがないのです。そのような良い想念を持つ人には悪想念や呪いが取り付く島がありません。

「ウルトラマン」や「鉄腕アトム」になるとイメージする方法もあります。それがイメージ拡大強化系呪術の本質です。「私、金持ちなの」と皆にいって歩くことによって、本当に金持ちになってしまう人もいます。「嘘から出たまこと」はあるのです。大きな嘘をつくと、結構うまくいくことがあります。嘘をつくことはいけないことですが、「嘘もつき通せば真実になる」という言葉は、呪術的に見れば当たっています。

黄熱病(おうねつびょう)の研究などで知られる細菌学者・野口英世（一八七六〜一九二八）も、実際は巧妙に借金をして踏み倒していたといわれています。この呪術を使う人は、あまり恨まれません。人は「前向きな大ぼら」のなかに夢を見るからです。ですから大きな嘘を聞いている人もある意味、癒やされてしまうのです。

スペインの作家・セルバンテス（一五四七〜一六一六）が描いた主人公ドン・キホーテに対して読者が感じるように、大ぼら吹きの人を恨んでもしょうがないなと思ってしまう傾向があります。あまりに壮大だと、恨みようがないのです。当然、呪いが届きません。

ただ、他人に夢を与えるような大きな断言は力を生みますが、人を傷つける嘘は当然、多くの人の激しい想念に攻撃されます。

⒀言葉、言霊、マントラ系呪術

廻念系でも述べましたが、言葉には特別な力があります。特に繰り返すとその力は強くなります。言葉の組み合わせでも力が強まります。言葉には霊が宿ると見る人もいます。

言葉には非常に強いパワーがあるという前提のうえで、ある特定の言葉を唱えるのがこの呪術の特色です。

この呪術には、一言一義と一言多義があります。一つの言葉に一つの意味を宿すのが一言一義で、一つの言葉に多くの意味を持たせるのが一言多義です。

一言多義の例として、神社の一対の狛犬（こまいぬ）があります。片方は「あ」で、もう片方は「うん」という言葉を象徴しているとされています。これは、実は呼吸を表します。息を吐いているときと吸っているときの姿を表しているのです。まさに阿吽（あうん）の呼吸、アルファとオメガです。

これは首から足までを意味する「道」という字と同じで、初めから終わりまでという意味でもあります。

阿吽をシンボルとして神社に置くことによって、あるいは阿吽という言葉が鳴り響いているとイメージすることによって、「この神社という空間にはすべてがある」というイメージを焼きつける呪術なのです。神社にはすべてが存在し、すべてに響く力があることをイメージさせているのです。

⒁魄付着系呪術

霊的なエネルギーのなかで、比較的物質寄りの「魄」という霊的なエネルギーを利用した呪術です。このエネルギーは感覚としてはペースト状で、ものに付着してしばらく滞空します。特定の土地や空間にも付着します。スピリチュアルな世界では「ソートフォーム（思考の形）」と呼ぶこともあります。

皆がそこにあると信じたものは、そこに形が現れるという考えです。皆の信念がその場所に何かを生み出すわけです。これが魄付着系呪術の本質です。

ハワイでは、先住民の伝統的社会で「カフナ（神々と人間を取り持つ人たち）」と呼ばれる神官や呪術者が使う呪術が有名です。「カフナ」の信仰では、人間の霊的な力の一部は、アメーバのように足を伸ばして、ものにペタッとくっつきます。一度くっつくと、ずっとそのものにかかわり続けると考えるのです。

ところが稀にそれが発した人に戻れなくなって、ちぎれてしまうことがあります。ちぎれてしまうと、その場所に当て所もない怨念が残るというのです。そうした信仰がハワイにあります。

それは、日本にもある生霊という概念に似ています。強い念が一つの独立した、稀薄(きはく)な抜け殻(がら)のような意志となって、その場所にとどまってしまうのです。これが先述した魄の正体でもあります。悪い念だけでなく、良い念も残ります。強い感情を使った念は場所にこもりやすいのです。この魄を利用する呪術が魄付着系呪術なのです。

たとえば、修行者が念じて魄を付着させた護符は効きやすくなります。たくさんの人が念を込めて削った石にも魄が宿ります。精魂込めて建てた家には、とても素敵な気が宿ります。千羽鶴も魄がこもって効果があるからこそ、よく使われているのです。

⒂身体余分系呪術

体の一部の余分なもの、たとえば爪とか抜けた歯とか体毛・髪の毛とか、使い古した服の切れ端や身に着けていたベルトなどを呪具として使う呪術のことです。こうした呪具を仕事が欲しい取引先の事務所などにそっと置いてきたり、落としてきたりするのです。

すると、契約が成立しやすくなります。自分の気と取引先の気をなじませるという効果があるからです。私も郵便局の営業をしていたときに使ったら、結構成功しました。

「唾(つば)をつける」という表現がありますが、まさにそれです。先にかかわりをつくってしまうという呪術です。古物商でも「目垢(めあか)がつく」といって、見たものはその人の念が付着するので、本当に大事なものは奥に隠しておくようなことをします。

非常に昔からある呪術で、特に髪の毛を使った呪術は数多く存在します。その人の髪の毛を持って遠隔ヒーリングすると、効果が上がるという報告もあります。その人が持っていたものや触ったものが目の前にあると、さまざまな面で交流しやすくなります。

⒃土地系呪術

土地や土にかかわる呪術です。特定な土地から持ってきた土を焼いて陶器をつくり、相手にそのパワーを接合させるというやり方が一般的です。特定な場所に呪いを込めたり、結界を張るのもこの呪術の一種です。

特定の聖なる土でつくった陶器を食器として使い、ものを食べると、元気になります。

私の知り合いのスポーツ医学のドクターがいっていましたが、以前大学で実験したところ、備前焼の器で水を飲ませると、その運動選手は元気になるという研究報告があるそうです。そのドクターは「なぜだかわからない」といっていました。しかし呪術的に見れば、腑に落ちる現象です。

⒄レイライン呪術

土地系呪術の拡大版です。地面に見えない力の流れ道があると考えます。見えない力が流れる川があると考えてもかまいません。その川と自分を接続させる呪術です。

「この場所には霊道、霊脈が流れている」とイメージして、土地の気を味方につけます。特に自分が住む場所にこの呪術を使うといいでしょう。

政（祭事）をする場所の選定をする際も、そうしたイメージの場所を選ぶと理想的です。大きい山と山を結んだ場所は霊脈が流れやすいとされています。

藤原京、恭仁京、平城京、平安京などは、すべて聖山と聖山を結んだ直線上に築かれています。

子午線や、冬至や夏至に太陽が昇る方向とかかわる場所も、霊脈が流れるとされています。地球から見たイメージでは、太陽がいちばん強いので、太陽と一体化することをイメージしやすい場所が重要になってくるのです。

⒅宇宙一体化呪術

レイライン呪術をさらに大きくした呪術です。無限大の最高に巨大な宇宙と自分が一体化しているとイメージします。その宇宙が自分を癒やしたり、自分に力を与えたりするのだと強くイメージするのです。「我は本来、宇宙なり」と思えばいいのです。これができれば、本当に最強の呪術です。

⒆食べ物系呪術

食べ物に宿った呪力を利用する呪術です。たとえば、肉類とネギ類、ニラ、ニンニクを食べると、念じて通す念力が強くなります。肉ではラム肉、豚肉が特に効果があります。しかし、こうした食べ物を摂ると、霊的な気配を受け取る力は弱まります。

いっぽう、ネギ類を除いた野菜類や貝類を食べると、逆に、霊的な感受性は強くなります。

ほかにも、いろいろな方法があり、いつ何を食べるかという呪術もあります。土用の鰻のように、暦と食べ物を一致させるのもその一つです。

そうした食べ物系呪術を最も発達させたのが、インドのアーユルヴェーダや、マクロビオティックです。ただし現代においては、情報が多過ぎて錯綜し、わかりづらくなっている面があります。巷で「胡麻が体にいい」といってみたかと思うと、悪いといってみたりして、かなり混乱しているように思います。人を迷わせる情報だらけです。

惑わされないようにするには、自分で実験することです。たとえば三週間くらい少しずつ食べてみて、自分にとって調子のいいものを見分けていくべきです。伝統的に効果があるといわれて、その国で広く食べているものは、やはり安全で効果があります。

加えて、一つのものにこだわって過度に摂取することを避けることです。バランスよく少量ずつ多品種を食べることを基本にするといいでしょう。適度なたんぱく質と適度な繊維質、生のものに含まれる酵素などを広くバランスよく摂取することです。

野菜一つをとっても、野菜には葉毒がありますから、摂り過ぎてもダメなのです。偏る（かたよ）と毒が溜まります。極端に菜食に偏った人で元気のいい人はそれほど多くはいません。過剰排除をする人には、社会とのかかわりが嫌いな人が多い気がします。特定の食物に対する過剰排除の人たちは、調子が悪くなります。食物は人間関係を象徴します。受容性の問題ともかかわってきますので、いま一度、バランスに偏りがないかチェックするといいでしょう。

⒇霊使役（れいしえき）呪術

陰陽師・安倍晴明がよく使ったといわれている呪術です。安倍晴明には霊が見えていました。そこで晴明はいろいろな霊を集めてきては、それを観察して利用したとされています。

つまり、その集めてきた霊がどのようなシンボルや形に宿りやすいかを見極め、霊をそれらに宿らせて、必要なときに使役したのです。それらの霊は式神と呼ばれていました。

晴明は紙人形などの依り代に霊（式神）を入れて、電池のようにためていたのです。必要なときがくると、「ちょっとあれをやってくれないか」と頼んで使役していました。簡単にいうと、使い走りにしていたのです。

これは、広く活用できる呪術です。私もよく使います。霊を使ってヒーリングしたり、情報を得たりしています。ただし、誰にでもできるものではなく、ここでは「そういうものがある」という紹介にとどめておきます。

概略だけをお話しすると、まず、どうやって霊を閉じ込めるか、です。絵の自動書記を利用して閉じ込める人もいます。霊を描いて、紙や木に閉じ込めるわけです。描いて形にしたら、その霊はその形から抜け出せなくなります。『西遊記』のなかで孫悟空が岩に閉じ込められたように、しばらくの間、そこに閉じ込められます。たぶん紙や木が腐って朽ちるまでの間、一〇〇〇年くらい閉じ込めることができます。

そしてその閉じ込めた霊に、私たちにとって良いことをさせるのです。ちゃんとした能力者なら普通にやっています。ただ式神というのは、やってみると大変です。やたらうるさいし、ペットを飼っているようなものです。私の事務所でも、後ろの棚の辺りで飼っています。何かいいたいことがあると、バッコンバッコン大きな音を立てます。

たとえば、式神が怒って大きな音を立てたとします。それで調べると、式神の故郷の自然が壊されていることがわかったりするのです。先日、平将門（たいらのまさかど）の塚が改修されたときも、式神たちはすごく騒いでいました。彼らは不安になることはありませんが、霊的な騒動があると、式神たちも共鳴して騒ぐのです。

㉑チャーム作成呪術

ものに念を込めてチャーム（お守り）をつくる呪術です。巫術（ふじゅつ）のお守りや寺社のお札（ふだ）と同じで、石、木、水など何からでもつくることができます。水はいちばん念を移しやすい物質です。

特定の形をつくって、そこに良いイメージの念や願望を込めます。粘土などもよく念がこもります。ごく一般的におこなわれている呪術でもあります。

㉒シンボル系呪術

単純にシンボルを使う呪術もあります。これも特定な形を何も考えずに書き込むだけで、こちらの願望はかないやすくなり、周りの邪念もプロテクトできるようになります。

伝統的に書き込まれる形や儀式には意味があるのです。願いを書き込む七夕(たなばた)の短冊(たんざく)などは最たるものです。有名な絵画の額縁(がくぶち)に唐草(からくさ)模様が描かれるのも同じように意味があります。

唐草模様は、目垢(めあか)をつけないようにするための呪術なのです。目垢に象徴される邪念から、いいものを守るために唐草模様を描きます。

柱などを朱塗りにするのも、レッドカーペットの上を歩くのも、赤い色が悪いものを排除する力があるからです。赤は悪いものを燃やしてしまう呪力を持った色です。

どこにどのようなシンボルをつけるか、ということが、この呪術では非常に重要なのです。

絢爛豪華（けんらんごうか）な寺社や教会を建築するのは、偶像崇拝をさせるためではなく、宗教的な活動をしていくと、実はシンボルが非常に大事だということがわかってくるからです。いろいろな呪力を持ったシンボルを組み合わせて、目を引くような建造物にするのです。仏像や十字架に手を合わせるのは、そこに重要な意味のあるシンボルが描かれているからです。

㉓星・霊気呪術

前述の自然加勢系呪術に近いですが、星座の霊的な性質を使う呪術です。日本では伝統的に北斗七星を使うものが有名です。日本は曇っている日が多いので、いつでもはっきり見えるのは北斗七星ぐらいしかないからです。

超常現象を電気的に測ろうとした電子技術者・内田秀男（一九二一〜一九九五）は、著書に、北斗七星のエータ星の方向からさそり座のアンタレスに向かって「宇宙電解」が流れている、と書いています。より正確には、宇宙霊気がその方向に流れています。同時に、各星座から降り注ぐ霊的なエネルギーがあるのです。それを味方につけるのが、この呪術の特徴です。

前述のシンクロ共鳴系呪術を使って、星座の形をお札に書き込みます。すると、その星座の加勢を受けることができるのです。星座をイメージして、その星座のパワーを受ける呪術です。それによって、自分のパワーが強まります。星の方角や種類によって、受ける影響も変わってきます。

古代インドでは天球を二八宿に分割していました。占星術も、もともとは占いのためではなく、一二の星座から力を受けるために発達した術でした。いて座生まれの人は、いて座の方角からくるパワーを受ける人という意味なのです。

㉔素材系呪術

素材系呪術というものもあります。たとえば骨董品がそうです。代々呪われた骨董品なども使われます。人を代々貧乏にする貧乏財布というものを見たことがあります。持った人にお告げを伝える市松人形も有名です。座った人が死んでしまうという不幸な椅子など、枚挙にいとまがありません。

いろいろな呪術的アンティークを見てきましたが、やはり素材そのものに因果因縁があって、呪力が宿っています。

骨董品以外では、パワーストーンも素材として使われます。特定の石には、特定のパワーを強化する呪力があります。たとえば、エメラルドには、持っている人にやる気を出させるという呪力があります。積極的な性格になりたいときは身近に置くことをお勧めします。ルビーは愛情面で良い感情が出てくるようになりますし、翡翠(ひすい)は運が良くなり、人との和合心が出てきます。サファイアを持つと、精神的な強さや忍耐力が出てきます。

他人に良い印象を与えたいときは、アクアマリンが効果的です。会社で上司やほかの社員と衝突しているときに効力を発揮するでしょう。

ガーネットを持っていると、日々の活動が少しずつ好転していきます。アメジストは、思っていることが強く作用するため、なるべくいい感情でいるときに活用するといいでしょう。感情の増幅作用があるので、ハッピーなときにはよりハッピーになります。友達ができにくい人にはぴったりの石です。

鉱石とパワーの一覧表は次のとおりです。参考にしてください。

鉱石とその呪力（特定の力を強化するパワーストーン）

鉱石名	呪力
【ア行】	
アクアマリン	やる気を出させる。他人に良い印象を与える。やっていることが良くなっていく。
アジュライト	伝統的な力や持続力を強める。先祖や精霊のインスピレーションとつながる。
アメジスト	思っていることを強く作用させる。感情の増幅作用がある。ただし、自由を求める気持ちが強くなりすぎるので要注意。
エメラルド	やる気を出させる。積極的な性格にする。
エンジェライト	指導力を発揮させる。家のなかに置くと、家の「氣」をキレイにする。
オパール	人生を波瀾万丈（はらんばんじょう）にし、冒険にいざなう。
【カ行】	
ガーネット	おこなっている活動が少しずつ好転する。毎日のやる気の守護石。
黒曜石（こくようせき）	集中力や霊感を強める。学習力の強化。
琥珀（こはく）	物事の変化を止める。念力を強める。

【サ行】	
サファイア	強さや耐える力が増す。他人の言葉を素直に聞けるようになる。
水晶	祈りを増幅させる。
【タ行】	
ダイヤモンド	「いまが最高」という状態にする。感情を安定化させる。ただし、時と場合をわきまえずに身に着けると運を悪くする。
トルコ石	気持ちを変わりやすくさせる。こだわりを捨てさせる。
【ハ行】	
翡翠(ひすい)	運の運びを良くする。人との和合心が出てくる。人間関係を引き寄せる。タイミングが良くなる。
【マ行】	
メノウ	人との和が広がり、友達を多くする。
【ラ行】	
ラピスラズリ	伝統的な力や持続力を強める。早く運気を向上させる。
ルチルクォーツ	金運や発信力を高める。お金の見通しが立ち易くなる。
ルビー	愛情面で良い感情が出てくる。「愛され運」が上がる。
ローズ・クォーツ	受容力が強まる。

㉕デコレーション呪術

豪華に飾る、装飾を派手にすることによって、そのものにパワーを宿すという呪術です。電飾をつけたトラック「デコトラ」がまさにそれです。花嫁衣装もそれに近い呪術です。相手が再び惚(ほ)れ直すための呪具衣装ともいえます。

葬儀場や柩(ひつぎ)にたくさんの花を飾ることで、死者が蘇ったように見せるのもデコレーション呪術です。ピラミッドを建造することによって、死者を偉大にするのも同様です。誕生日にデコレーションケーキで祝うのは、この呪術にほかなりません。飾ることは、不幸感を瞬時に消す力を持ちます。

㉖自己身体系呪術

自分の体の特定の部分が、特定の運命や呪いとつながっていることを利用した呪術です。たとえば、鼻です。「鼻持ちならない」とか、「鼻柱が強い」などといいますが、鼻はプライドとつながっています。プライドが揺らいで不安定なときは、鼻を心地よくマッサージすると良いでしょう。油をつけて鼻をやさしくマッサージして良い香りを嗅がせれば、プライドは回復します。自信がみるみる回復するのです。

同様に、人の話が聞き入れられないときは、耳をマッサージします。お金がないときは、唇の周りをマッサージすると良いでしょう。愛情が欲しいときは、目の周りをマッサージしてください。

つまり、自分の体を呪具として使うわけです。関節をよくマッサージすることによって、親子関係が良くなります。スクワットなどをして腰を鍛えることによって、上下関係がスムーズになります。指や手を広げれば、横の関係がよくなります。

朝、ラジオ体操をおこなうのは、実は呪的な効果があります、非常に良いことなのです。人間関係を良くするために、皆で合同体操やラジオ体操をすると効果があります。

ただし、ラジオ体操はアメリカの戦略でした。アメリカが日本人の健康観を欧米型にするために、逆三角形の体づくりを目指させたのです。それまでの日本は腰を中心にお腹が出ている体形をベストであるとしていました。それは上下関係をスムーズにさせる呪術でもあったわけです。これによって、戦後は縦社会ではなく、横社会になったのです。

⑵暦数字系呪術

暦、時間、数字を使う呪術もあります。祭日や節句におこなう儀式はこの呪術にほかなりません。皇室の祭祀(さいし)である新嘗祭(にいなめさい)や大嘗祭(だいじょうさい)もこれに相当します。

⑵人間組み合わせ(人間関係)呪術

特定の性質を帯びた人を組み合わせる呪術です。その人たちが会食したり、会ったりすることによって、お互いの運が良くなるのです。パワーも強くなります。

事実、会うだけで運が良くなる人はいます。霊的な力が強い人は、その人に会うだけで運が開けます。霊能者に会いにいって、その人の力量を見るには、単に自分の運が良くなったか悪くなったかを見ればいいのです。運が良くなれば、霊的な力が強いし、あなたと相性が良いということです。

本当に力のある人のところに会いにいったら、その日はいい気持ちになるし、運も上がります。

(29) 相呪術

手相、顔相、体相などを使う呪術です。これらの相を見れば、自分の悪いところを知ることができます。悪いところを知って、その反対を目指すのです。基本的には八卦のバランスで見ます。坎艮震巽離坤兌乾（かんごんしんそんりこんだけん）の八卦が示すそれぞれの性質は、順番に集中力、持続力、人間関係力、自由力、感情力、包容力、コミュニケーション力、リーダーシップ力です。相を見て、たとえば包容力を示す坤の部分が弱いことがわかれば、寛容になるように努めるわけです。

弱いところを強めればいいのです。相は悪いところ、弱いところを冷静に知るためにあります。相を見れば、何が自分の良いところ、強いところはどこで、その強みをどう伸ばし、どう活用すればいいかがわかります。逆に弱いところ、欠けているところは、その相が強くなるように努力すればいいのです。これが相呪術のポイントです。

(30)命名系呪術

名前を使った呪術です。まず、親から与えられた自分の名前のいわれを知って、悪いところがはっきりとわかったら、良いところを伸ばすにはどうしたらいいかを探ってゆきます。

ハンドルネームや号を名乗るのも一つの方法です。改名をする方法もあります。年齢や使命、役割によって名前を変えるのも手です。戸籍上の名前は簡単には変えられませんが、名刺を変えるなどして、仕事上、別の通称を持つことはできます。昔の武士たちは元服で幼名を廃して名前を変えました。出家しても名前を変えていました。名前を変えることには、非常に呪術的な意味合いがあります。

(31)無心系呪術

無心になる呪術です。「無神経」も他人をイラ立たせる強力な呪術ですが、ここでは「無心」になることによって成し遂げる術をいいます。何があっても、瞑想(めいそう)して無心に向かえば、それで勝てます。勝とうと思わなければ勝てる場合が多いのです。もちろん殴ってくる相手に対して無心になっても殴られるだけです。そういう意味ではなくて、あらゆる呪術的な措置を講じても不安になるときに使うべき呪術です。ただただ一人で無心になろうとする、瞑想をする呪術なのです。

㉜教えるという呪術

これは高度な奥義の呪術で、教えるという呪術です。これには二つの流れがあって、教えることによって呪術を弱める、つまり秘伝で継承された呪術を公開することによって呪術を弱める方法と、逆に教えることでその呪術を強める方法があります。

この呪術は本当に究極です。私たち能力者はその匙加減（さじかげん）で生きています。どこまで教えてどこまで秘密にするかの匙加減です。秘するのがいい場合もあれば、公開したほうがいい場合もあります。

歴史を見ると、まさしくそうです。どこまで本当のことを伝え、どこまで秘したほうがいいかの集大成が歴史です。ある意味、事実と違ったことを教えたほうが全体としては幸せであるときもあります。逆に事実を教えなかったために、不要な禍根を残すこともあるのです。

歴史を含めた伝承呪術と呼ぶこともできます。私と共著で超古代史について本を書いた、秘密結社竹内家の口伝継承者で、第七三世武内宿禰を名乗った故・竹内睦泰氏（一九六六～二〇二〇）という人物がいました。彼が語った竹内家口伝の流儀も、非常に呪術的で「ここから先は秘伝なので語れません」「皆さん、こう信じていますが、本当はこうなのですよ」とよくいっていました。

彼は、著書で公開・非公開の匙加減をしながら、一方では有名予備校で日本史を教えて、教育者として評価を得たわけです。

(33) 祭典呪術

これが最後の呪術で、俗に祭り返しともいいます。大勢による強大な邪念でも、歴史的に積み重なった恐ろしい情念でも、祭りで祓うことができます。

祭りのなかにあるもう一つの呪術は「結ぶ呪術」であるということです。自然との結びつき、人との結びつき、霊や神との結びつき、商業や社会との結びつきなどを強くするのが祭典呪術です。普段交わらないものが、しっかりと交われるようになるので、非常に奇跡的でもあります。

やはり、祭りは増やすべきだと改めて思います。祭りが少なくなってから、元気がなくなってきました。私たちの小さい頃、いま以上に社会は過酷でしたが、地域の祭りがあったのでずいぶん救われました。


これがすべての呪術です。この三三の呪術大全はこれまで明らかにされたことはありません。非常に重要な三三の秘術が初めて明らかにされたわけです。本書でそれを公開したのは、『鬼滅の刃』や『呪術廻戦』が大ヒットするなど、かつてなかったほど呪術に対する関心が高まっているからです。

しかしアニメに描かれている呪術は、絵空事が多く、かなり誇張されており、本当の呪術の姿を表していません。本当の呪術とは人生の役に立つものなのです。そこで呪術にスポットライトが当てられているいまこそ、本当の呪術とは何かを詳(つまび)らかにすることにしたのです。

●呪術をかけるうえでの心構え

最後に、呪術を使ううえでの心構えと他人からの呪術の対処法についてふれておきましょう。

西洋では他人に良いことをするのを白魔術、他人に悪いことをするのを黒魔術と呼ぶことは前述しました。しかしその分け方では、グレーはどこにあるのかわかりません。

グレーゾーンを気にかけるのは、ある意味日本人的なのかもしれませんが、たとえばお天気を晴らす呪術や、雨を降らす呪術は、本来、白魔術でも黒魔術でもありません。古い時代から、「天とつながる」ということは、農作物のためには非常に重要なことでした。

「ずっと晴れたらいいな」と思う人たちがいる一方で、雨が降らないと困る人たちもいるわけです。かといって、ずっと雨が降ったら不作になってしまいます。お天気一つをとっても、白黒はっきりつかないのです。立場やその人の利権、その人の職業によって、白や黒は変化するのです。

呪術に関しては、防御と攻撃、善悪、何が正か邪かを考えた場合に、単純に割り切れないことがあります。というのも呪術は、自分が信じたものに対する信念の体系だからです。何を信じるかが呪術の本質にあります。

ただ、ここで考えなければいけないのは、「私はこれが正しい」と思って呪術を使ったとしても、そのことによって人から「おせっかいだ」といわれたり、逆恨み(さかうら)みされたりする、などということもよくあるということです。すると、その人たちの念の影響を受けることもあります。

これだけ情報が複雑に絡み合って、インターネットのなかで混線している社会においては、何が邪悪で、何が危険で、何が味方かということが、複雑過ぎてよくわからなくなっているのが現状です。

ですから、立場や立ち位置による正邪の問題を自分で常に整理する癖をつけることが非常に大事になってきました。

日本は、「人からしてほしくないことを他人にしない」という、儒教的な思いが強い文化を持っています。これに対して西洋は、「自分にしてほしいことを他人にしなさい」という側面が強い文化を持っているように思います。西洋においては、何かをしていないと善人ではないと見なされがちです。

その意味でいまの日本は、だいぶ西洋的になってきたように思います。何か人が喜ぶことをするというのが、善なる呪術であり、自分の自己像や自分自身のイメージを上げることにつながるようになってきています。そうした時代においてはまず、「自分は人の役に立ちたい」「人を喜ばせたい」、そして同時にそれが「可能である」と思ってみることです。

この三つの態度が目指すところです。

●心の隙間を埋めるための自己像確立

それができたら、次に自分の自己像を高めることです。これは自己防衛の力を強めることに直結します。他人の悪い邪気とか、妬(ねた)み、嫉妬、怒りといった悪い念や「呪(じゅ)」といったものが私たちの心に影響を与えるとしたら、それはやはり自分に自信のない心の隙があるからです。悪い念や「呪」は、その隙間から入り込みます。逆にいうと、そうした念を飛ばしてくる人にも、大きな隙間が開いているといえます。

悪いことに、隙間からそうした念に入り込まれた人は、『鬼滅の刃』ではありませんが、吸血鬼にかまれた人間が吸血鬼になっていくように、同じような悪い念を飛ばすようになるのです。

つまり、自分の自己像に自信がない人は、そのままの状態で生きていかなければならないという恐れを長い間放置していることになります。すると、自信のない部分や足りない部分を穴埋めするために、その責任を他人のせいにします。「あいつが悪い」「社会が悪い」「この建物が悪い」「この環境が悪い」「この制度が悪い」「このネットの書き込みが悪い」と他人を非難し、「私は悪くない」といいます。そしてそれが連鎖していきます。

自己像が確立できていない、自分を守る呪術が出来上がっていない、自分が何か素敵なことができるのだという信念ができていない——そうした自己像の欠損がその人をどんどん不安にさせていきます。不安は恐れに変わって、その恐れはいつか他人に対する憎悪に転嫁(てんか)されます。他人のせいにし、他人への攻撃心に変わります。

自分の自己像を確立できていないとこうなるのだという、このプロセスをまず頭に叩き込むことです。悪い念が入り込まないようにするには、自己像の隙間を埋めることなのです。そして他者のせいにしない努力をすることです。

一時期、精神世界では「一〇〇パーセント自己責任」という言葉が流行りました。しかし、一〇〇パーセント自己責任と考えると、詐欺師に騙されても泥棒に入られても全部自分の責任ということになってしまいます。長い運命律で考えると、そういえなくもありませんが、それでは悲し過ぎます。

そう考えるのではなく、まずは防犯など万全の策を講じてみることが大切です。防犯意識を高めることは、人に罪を犯させづらくさせるということでもあります。防犯意識をしっかり持つことは、社会貢献でもあります。皆の防犯意識がしっかりしていれば、泥棒は家に入れないわけですから、泥棒は堅気（かたぎ）になるしかありません。これはいい呪術です。

つまり攻撃で防御するのではなく、不足しているところ、弱いところ、欠けているところ、バランスの悪いところを補って整えるのが良い呪術なのです。

この呪術は、健康にも当てはまります。自分の体調、健康をしっかりと管理したうえでバランスを整えるのです。同時に、どういう信念を自分に言い聞かせ、自分の体にどういうイメージを流し込むかという作業を確立するのです。それが結局は、他人からの念を防ぐ最善、最高の呪術なのです。

●呪術対策にファッションは不可欠

ファッションも重要な呪術の要素です。自分が人前に出るときに、うらやましがられ過ぎず、かつ人に喜ばれるようなオシャレさと、自分が着ても苦しくない服を身に着けるように心掛けるべきです。

服装の発達史は非常に呪術的だという説があります。その呪術性の根底にあるのが、うらやましがられ過ぎることもなく、人に喜ばれ、自分が着ても苦しくない服を着るという三つの要素なのです。

ブランドの服を着るのもいいですが、なぜブランドの服を着るのかということをわからないまま着ても、意味がありません。ブランドを身に着けるＴＰＯがあるのです。そうでないと、窮屈(きゅうくつ)で堅苦しいだけで、人から妬(ねた)みや恨みを買うだけになってしまいます。

持ち物もそうです。バーキンのバッグを持っていると、それを見てオシャレだと思う人もいるでしょうが、「生意気だ」などと妬まれかねません。分不相応と見る人もいるかもしれません。そこのコントロールが大事です。

ファッションは自分の個性を表現する呪術です。自分がどのようなファッションがふさわしいのかという信念を確立するのです。それだけでも随分と違います。太っている人には、太っている人なりのオシャレなファッションがあります。痩せている人には、痩せている人なりのオシャレなファッションがあるのです。

そうした自分の信念に基づいたファッションを身に着けて外に出てください。家ではどのような普段着を着ればいいのか、パジャマはどれにしたらいいのか、自分に合ったファッションを見極めてください。

基本的には、外に出るとき、人の前に出るときには、赤いものを身に着けるといいでしょう。赤は人の邪念を燃やします。かつ最近の心理学研究では、赤をちょっと着けている人はもてやすくなる、好かれやすくなるという報告もあります。

とにかく自分の体型に合ったファッションを身にまとうように努めるべきで

す。「あの人は元気が良くて、きらびやかで、いい人だ」と感じられるような服装を見つけてください。

●イメージが湧くような言葉を使う

呪術的には、言葉も気をつけなければなりません。たとえば、否定的な言葉を使っても、最後に逆否定して結論づけるように心掛けるのが大切です。「駄目です」といっても、「しかし、可能性はあります」と付け足して、全否定しないことです。「難しい」といったとしても、「方法は探ってみます」と付け加えるのです。必ず否定的な言葉で終わらない会話を心掛けてください。肯定的なコメントを最後につけるのです。

他人への褒め言葉を増やすことも重要な呪術のテクニックです。他人を上手に褒める人は呪われません。褒めるときも、おざなりな褒め言葉や一過性の褒め言葉ではなく、その人を本当に褒めることができるように、褒め言葉のバリエーションをたくさん持っていることが大事です。

あなたは美しい、あなたは楽しい、あなたは優しい、あなたは明るい、という単純な褒め言葉もありますが、それよりもあなたの何が美しく、何が楽しく、何が優しいかなど、その人を具体的に褒めることが重要なのです。褒められた人が、その言葉のイメージを具体的に描けるようにするのです。ぜひ、具体的で個性的な褒め言葉の表現力を磨いてください。

言葉の呪術のポイントは、いろいろな話を人とするときに、他人が心地よくイメージを描けるような会話を心掛けることです。たとえば、何か問題が起きたときに「どうしたらいいか、何か考えてください」という人がいます。ところが「何か」といわれても、いわれたほうは選択肢があまりにも多過ぎて、攻撃的な発言に聞こえてしまいます。しかも、いわれたほうは問題を丸投げされて、考えづらいということが起こります。

だから、そのような丸投げ的な質問はせずに、自分で解決策を考えてから、「こういう案と、こういう案と、こういう案という三つの案が考えられますが、どう思いますか」というように聞けばいいのです。それだけでも、聞かれたほうは非常に答えやすくなります。建設的な対案が出てくる可能性も高まります。

イメージが湧かないような、漠然とした問い掛けをしないことが大切です。

そうしないと、相手から攻撃的な質問であると解釈されたうえに、逆に悪い念や邪念を向けられて、それを拾ってしまう場合があります。

●性質の偏りを自覚し、邪念を避ける

近年、人間関係を築くのが苦手で、特定分野への強いこだわりを持ったりする人を表す表現として「アスペルガー症候群」という言葉が使われたり、物事に敏感で、時に生きづらさを覚える人を表す表現として「HSP（Highly Sensitive Person＝非常に繊細な心の人）」という言葉が使われたりします。日本人はそもそも、そのような性格傾向を持つ人が多いともいわれています。

細かいことが気になり、ほかの人が軽く受け流せることを強く受け止めてしまう。そのため多くの場合、心にダメージを受けるので、人付き合いが苦痛になるわけです。

悩みどころや問題点、反応の仕方は千差万別で個々人によって異なるのですが、極端な例では、ついつい親しくなった人にカチンとくるようなことを平然といってしまって、まったく気づかない、悪いことをいったという気持ちも記

憶もない、という場合もあるようです。

そのような性格の人に対して他人が怒って非難すると、繊細過ぎるがゆえに、逆に、怒って猛烈に反撃をしてしまうことがあります。あるいは反撃せずに極端に閉じこもってしまう人もいます。彼らは、自分は悪くないと思っていますし、何が悪いのかわからないでいます。彼らは、自分に問題があるということを認めることができにくい人たちなのだと思います。

日本人なら多かれ少なかれ、そうした傾向を持っているのではないでしょうか。「心の隙間を埋める」ということとも関連するのですが、自分のそうした性格や心の傾向を意識してみることです。自分を客観的に見ることができるように常に意識するのです。

そのためには、他人に高過ぎる理想を押しつけないこと。また、少しでいいから自分をゆるめながらながめることも大切です。

学術の世界は、それが非常にはっきりしています。論文は客観的でないと書けません。そうした客観性を保つ訓練をする必要があります。論理的にどこに矛盾があり、どの部分の説明が欠けているかを自分自身で精査しながら、考え方をシェイプアップしていくのです。そのように訓練しながら、客観的に自分を見る手法を確立してください。

アウフヘーベン（矛盾する諸契機の統合的発展。止揚（しよう）ともいう）の哲学と同じです。自分が何かを思い込んでいるとしても、常にその反対側からの視点を持つべきなのです。反対側からの意見をいったんは受け入れてみることです。それだけでも、だいぶ違ってきます。他人からも一目（いちもく）置かれるようになるでしょう。すると、邪念を向けられない性質の人間になることができるのです。

繊細な心を持っている人は、人から邪念を飛ばされやすいし、邪念を受け取りやすいのです。かつ、自分に原因があっても、エキセントリックに他人を攻撃してしまうという人もいます。多かれ少なかれ誰もが持っている性質ともいえますから、自分のそうした性質や傾向は注意してみるべきでしょう。

●八卦から性質のバランスを取る

他人に対して過干渉をしてしまう性格の人がいます。家族のなかにこの性質の人がいると、家族全体が苦しむことになります。

他人の生き様が自分の一部か、手足のように感じられて、つい口を出したくなってしまう人がこのタイプの人で、ちょっとでも自分のいうことを聞かないと、イライラして、居ても立ってもいられなくなります。うまくいかないことを、自分の体の痛みとして感じてしまうのです。これが過干渉タイプの特徴です。自分と他人の境界を越えて、他人の心の敷地に踏み込んでしまいます。

この性質の人は、どんどん孤独になっていきます。良いことをしたはずなのに、恨まれるタイプでもあります。身内に愛情だと思ってかかわるのだけれど、身内からは非常に激しく嫌われたり呪われたりします。

だから、自分の性質をよく客観的に見ることです。性質が何か極端に傾いていないか、バランスが悪くないかよく見ることが必要なのです。

その性質のバランスを見る指標となるのが、東洋でも西洋でも使われる八卦です。坎艮震巽離坤兌乾という八つの卦が、実は一人の人間の性質のバランスシートになります。それぞれの卦には次のような性質があります。

(1) 坎(かん)

坎は集中力、集中ができているかどうかを示す卦です。何か好きなことにきちんと集中できる人間かどうかをチェックするシンボルです。集中力が欠けているとしたら、坎の卦の性質を強める必要があります。

(2)艮(ごん)

艮は蓄積力、普段からデータを積み上げているかを示す卦です。よく本を読んだり、歴史に親しんだり、人と会話したりしてデータをしっかりと蓄積しているかどうかをチェックするシンボルです。

(3)震(しん)

震は人間関係力、人がいるところに出かけていって、人間関係を築いているかどうかを示す卦です。賑やかさを嫌がっていないかどうかをチェックするシンボルです。人ごみのあるところにいくと疲れるといって、家から出ないようになったら要注意です。引きこもりがちになってしまいます。それは生命力の欠如を表します。

ひんぱんに出かける必要はありませんが、一〇日に一度くらいはたくさんの人とコミュニケーションを取ったり、人が多く出るような街に出ていったりすることも必要です。コロナ禍においては困難ですが、人と会わないまでも、携帯電話で話すなどコミュニケーションをたくさん取るようにしてください。

⑷巽(そん)

巽は自由力、本当に自由を求めているかどうかを示す卦です。本当に心から自由に行動しているかどうかチェックするシンボルです。お金も、恋愛も、食べ物も、自分の心が自由になるためにあるといっても過言ではありません。

恋愛をしながら不自由不自在になるのは、自由力のバランスが崩れているからです。食べたいのに食べられないダイエットもバランスが良いとはいえません。お金を得ようとして泥棒をすれば、捕まって不自由不自在になるようなものです。

すべては自由自在に向かうためにあるのだということを、再確認すべきです。逆にいえば、お金や恋愛や食事を得ることが最終目的ではないのです。自由こそが最終目的であることを知ったときに、私たちは初めて心が豊かになるのです。その自由を見つめる力をきちんと持つことは非常に大事です。かつ自由は人とのバランスも取らなければいけませんから、人のことを気にせずに自由でいられる立場や環境をつくる工夫をすべきです。

です。

(5)離(り)

離は表現力、どういう服を着るか、どういう文章を書くか、どういう表情をするかといったセンスを示す卦です。着飾る力、微笑む力、表情の力などファッションと表情、それに文章や会話などでの表現の力をチェックするシンボルです。

特に表情による表現力は大きくものをいいます。ひんぱんに鏡を見て、目つきが悪くなっていないかどうか、心から笑顔になれるかどうかなど、自分の顔の表情を常にチェックすることが大切です。

特に年齢を重ねると、表情を使わなくなるので、暗く見えてしまうことがあります。すると周囲の人も暗い反応しかしなくなります。目をぱっちりと開けて、口角を上げるだけでもいいのです。スマイル系の顔になります。豊かな表情は周りを明るくすることを覚えておくべきでしょう。

(6)坤(こん)

坤は受容力、異なるものを受け入れる力があるかどうかを示す卦です。苦手なものを受け入れる力があるかどうかをチェックするシンボルです。

苦手なものや不得手なものや嫌いなものを克服する工夫や努力をし、その工夫や努力を楽しむことによって、この力は強まります。

たとえば、苦手なタイプの人と出会ったときに、どう振る舞ったらよいでしょうか。一つには、徹底的に聞き手に回る方法があります。心のなかで相手を裁かないことも必要です。嫌なことをいわれても、なるべくよく話を聞くことです。自分の感情が制御できなくなり、どうしても嫌になったら、その場から立ち去るようにすればいいのです。

心がかき乱されると、人は、相手にかかわろうとしてしまうことがあります。つい、相手に問いただしたり、言い返したりせずにはいられなくなります。しかし、あまり賢いことだとはいえません。むしろそこから離れたほうがいいのです。

自分に良くしてくれる人に浅くかかわって、自分に悪さをする人に深くかかわるのは間違っています。理不尽な苦情をいう人に深くかかわって振り回されて、自分に好意的な人にあっさりとした態度をとることは、失敗の上塗りにほかなりません。本末転倒と思われます。

母親のように受容してあげる、包み込んであげる一方で、親が子に対していうように駄目なものは駄目というバランスも大事なのです。自分の心のキャパシティーに合わせて受け入れることです。

(7)兌(だ)

兌はコミュニケーション力で、情報を発信したり経済をうまく回したりする力があるかどうかを示す卦です。豊かな情報力を身につけて、社会がどう動いているかという「いま」をよく観察して、社会を動かしているお金をうまく使っているかをチェックするシンボルです。

お金には疎(うと)いという方もいますが、この力がないとお金を誰かに取られてしまいます。お金は汚いものではなく、喜びと結びつく大事なものであることをきちんと認識しておくことが大事です。

(8)乾(けん)

乾はリーダーシップ（指導力）で、人より優れているものや個性的なものを伸ばそうとする力があるかどうかを示す卦です。

率先してその個性的な力を社会につなげているかをチェックするシンボルで

す。個性的に何かをおこなって、かつそれを社会にしっかりとつなげることができるのが、この力です。たとえば、インターネットで何かを売りたいと思ったときに、どのようにホームページをデザインしたらいいか、どのようなものづくりをしてそれを宣伝してゆくか、などを率先しておこなうのがリーダーシップです。

この八つの力をバランスよく持っていると、下手な呪術にはかからなくなります。

また、この八つの力には、四つの力のバランスがあることにも留意すべきです。八つの力はそれぞれ対極の力とペアになっているからです。内面を深く掘り下げてゆく性質の「坎」は、表面をきらびやかに飾る性質の「離」の対極にあります。伝統やしきたり、歴史を重んじる性質の「艮」は、異なるものをすべて受容する性質の「坤」の対極です。すでに出来上がった人間関係を大事に

易経の卦に基づく8つの力と対極にある4つの力

する性質の「震」は、情報を発信しながら新しいネットワークを築いていく「兌」の対極にあるものです。そして、自由を重んじる性質の「巽」は、集団を率いて突き進む性質の「乾」の対極にあります。

何かに集中してオタクになる人は、ファッションが疎(おろそ)かになったり、言葉の表現力が弱くなったりします。逆に、見栄っ張りで表面だけ取り繕(つくろ)っている人は、中身が薄っぺらで何かに精通することもありません。

過去に安全であったことや積み上げてきたものにこだわり過ぎると、その原理原則で人を裁くようになるし、柔軟に物事を受け入れたりすることができなくなります。柔軟に受け入れ過ぎると、今度は人に対していい加減になります。

賑やかな人間関係のなかで胡坐(あぐら)をかいている人は、自分から発信して賑やかさをつくり、新しい人を集めることができなくなります。自分で発信して自分の周りに多くの人を集める人は、人間関係に飽きっぽくなります。

仕事で何か大きなビジネスをはじめることができる人は、リーダーシップがいき過ぎると孤独になり、やがて不自由になります。逆に自由奔放(ほんぽう)になった人では、多くの人を集めて、一つの事業に邁進(まいしん)することは極めて難しいわけです。

この四つの対極のバランスを意識して取る必要があるのです。そうしたバランスの取れた自己像が確立できれば、おそらくほとんどの呪いを跳ね返すことができるはずです。少なくともバランスの取れた自己像は、呪いに対しての鎧(よろい)になります。

●究極の呪術対策は空間呪術

それでも不安になる人もいるでしょう。八卦のバランスは指標にすぎません。不安がどうしてもぬぐい切れない場合はどうすればいいでしょうか。急に不安になったり、苦しくなったり、失恋したとか、自分だけいじめにあったりしたときの緊急事態には、どう対処したらいいのでしょうか。

そのような危機にあっても、人を見下したり、恨んだりしない呪術があります。それが空間的な呪術です。

空間呪術は、日本の文化となじんだ呪術で、要は自分の部屋をパワースポットにするものです。部屋には、何か一品でいいですから、必ず美しいものを置いてください。そして何か一品、好きな歴史などにかかわるもの、あるいは権威あるものを置いてください。さらに部屋に、見ただけでリラックスできるもの、心がゆるむもの、心が解き放たれ霊感を受けられるようなものを置いてください。

強いもの、神や宇宙とつながるもの、そういったイメージの湧くものも置いてほしいのです。人間関係が豊かになるようなもの、たとえば友達や素敵な人からのプレゼントとか、仲の良い人たちと一緒に撮影したポートレートなども飾るといいでしょう。

そうしたものの一つ一つが自分を強める呪術の役割を果たします。自分の部屋、すなわち自分が生きる空間を神聖にします。

八卦のルールにのっとって、各方位にその方位に合った色を配置するのもいいでしょう。北は黒、北東は藍(あい)色、東は緑や青、南東は紫、南は赤、南西はオレンジまたはピンク、西は白や金、北西はグレーです。

同様に各方位に合った形を配置するのも効果があります。北は鶴首(かくしゅ)のような花瓶や欠け込んだ凹状のもの、北東は山のように盛り上がった凸状のもの、東は枝を広げる植物や円筒形のもの、南東は風にはためく布のようなもの、南には三角形のもの、南西には四角いものや立方体のもの、西は三日月状のものや金属でできたもの、北西は丸いものや球体のものを置くと良いでしょう。

ここまですれば、見えない力を操る、かなり強力な呪力が生まれます。潜在意識のなかで、強固な鎧を着た自己像が出来上がります。自分の部屋は守られた空間であり、どのような邪気も入ってこないというイメージが完成するのです。そのように潜在意識にアピールできる状態になっているわけです。

石が好きな方は、お気に入りのパワーストーンを身近に置くのもいいでしょう。石の性質に合わせて、コーディネイトして飾ることをお勧めします。

呪術対策として最も有効なのは空間呪術です。自分の庵（いおり）を、自分を強める場所にしてください。

●マイナスの念を祓う方法

他人からマイナスの念を激しく受ける人、受けてしまった人はどうしたらよいでしょうか。どうも誰かに恨まれているようだと感じている人へのアドバイスです。

実は、人間は日常生活を送っていれば、当たり前のようにこのようなマイナスの念を受けるものなのです。電車で人の足を踏んでも、エレベーターで先に降りただけでも、マイナスの念を受けます。道を普通に歩いているだけでも、早く歩こうとしている人を妨害しているかもしれません。そういう不可抗力で「呪」を受ける場合は結構あります。

その際に私がお勧めするのは、「塩切り」とか「香切り」と呼ばれる祓いをおこなうことです。塩やお香の粉で祓います。

塩やお香の粉をいつも持ち歩くといいでしょう。念を受けてどうも自分の調子が悪くなったと感じたら、自分の周りにパラパラとふるのです。塗香といって行者が手や身に塗るための特殊な香もあります。私は一時、この塗香と塩を混ぜたものを用いていました。ただ塩は暑い時期にべたべたするので注意が必要です。悪い念がきているなと思ったら、いつも周りに振りかけます。

昔、西洋の魔女たちは、悪い念をかけられたと思ったら、その相手に粉をかけました。日本も同じで、忍者は相手に粉をかけ、自分には油を塗ります。

これも日本の呪術で、自分に合った香りの良い油を体に塗るのです。香料や香水は、実は呪術でもあるのです。体に塗ることによって、悪い念を防御できます。近づいて良い香りのする人を、人は恨みづらいのです。

なぜ「肌に合わない」という表現があるかというと、肌が霊的なものを感じるセンサーだからです。自分の肌に合った油やクリームを塗って、鼻をよくマッサージし、耳たぶもマッサージして引っ張ると、人を攻撃したり呪ったりする心が生じにくくなり、人の呪いも入りにくくなります。

呪われるということは、その人のどこかに呪う体質があるからです。一方的に呪われることはありませんから、「呪われた」ということは、自分自身もどこかで呪っているのです。精神世界では、「呪いにかけられました」といって相談にくる人をよく見かけます。そういう人を見ると、やはりどこかに人を呪っている部分があることがわかります。

もっと簡単なのは水を使う方法です。シャワーをよく浴びることです。流水で身を浄めるのです。何も滝行(たきぎょう)をしろといっているのではありません。温かいシャワーで、邪気が入りやすいとされる首の後ろや背中の上部の「風門(ふうもん)」と呼ばれるツボ、二の腕やわきや足首を石鹸で洗い浄めると効果があります。そうした部位は邪気が溜まりやすいとされています。リンパや関節をマッサージすることは、健康にも効果があります。

五芒星、十字、格子柄、唐草模様などのシンボルを意識するのも役立ちます。呪を防ぐには、先祖に守られる色も大事です。先祖に守られる色は、艮の色、すなわち藍色です。藍色の服を着ると、先祖に守られやすくなります。歴史と接続されるからです。

あとがき

呪術は、「習と行（ぎょう）」にほかなりません。「学んで実際にやってみる」という日々の繰り返しが呪術です。いかに生活に結びつけるかが、オカルトの真骨頂（しんこっちょう）なのです。オカルトは習と行です。

日々それを忘れないようにするためには、自分の得になることをすればいいのです。自分の得になるのであれば、忘れることはないでしょう。得なことは必死におこなうはずです。本書の呪術を実践すれば、宝くじに当たるかもしれません。得なことに結びつけて呪術をおこなうことは非常に有効なモチベーションになるのです。

三三の呪術のなかでも、自分の得にならないと思ったら、する必要はありません。得になるものだけを実践してみてください。体質によって、得手不得手があるのと同じです。

世界の歴史を見ても、諸葛孔明（しょかつこうめい）などは間違いなく呪術を駆使していました。歴史的な事績を残した人物の多くは、確実にこれらの呪術をなんらかの形で使っていたのです。

日本でも元寇にしろ、エノラ・ゲイのエピソードにしろ、海外からの圧力、アタックが何度も強風などによって押し戻されたのは、この国の誰かが代々、伝統的に必ずこれらの呪術を使っていたからではないかと見ています。この国には強い呪術があります。その呪力は凄いと思います。無防備で、スパイ天国と揶揄される日本であるにもかかわらず、ここまで経済大国になれたのは、呪力があったからだとしか思えません。

日本は、緊張感に乏しい軽い空気感を持ちながら生き延びてきました。政権交代もほとんどないのに、他の国よりも平和で平等です。いちばん凄いのは、この国では宗教について本当に自由に話ができるということです。これほどいろいろな宗教が混在している国はほかにありません。普通の国だったら宗教戦争が起きています。呪術大国日本だからこそ、平和を保っていられるのです。

ただし呪術は、人を一方的に攻めることに使っては絶対にいけません。根拠もなく、勉強もせず、対案もなく、人を攻めることに呪術を使うことは、もってのほかです。愛情を伴う問題提起は良いのですが、インターネットという呪術を使って、嫉妬や恨み、憎しみの一心で他者を批判するのは大間違いです。人を死へと追いやるような他者への攻撃がはびこるインターネットに呼応するようにパンデミックがこの世界を襲ったのは、実は偶然ではないのです。

パンデミックが終わったときに、今度は世界的に重篤(じゅうとく)な内面の問題が噴出してきます。精神面で大きな変革の嵐が訪れるでしょう。宗教戦争が起こります。イスラエルが平和になれないのは、世界にとって本当にストレスなのです。イスラエルは、宗教対立のバロメーターでもあります。ユダヤ教とイスラム教とキリスト教がただでさえ、中東でしのぎを削っているのに、イスラエルは辛(かろ)うじて耐えてきました。

一方、日本のバロメーターは天皇家です。天皇家が不安定になるようであれば、日本はもう終わりだということでしょう。天皇家を日本国民が支えられないでどうするのか、という話です。

イスラエルを支えられないということになれば、キリスト教もユダヤ教もイスラム教も最低の状態にあるということです。世界を席巻する三大宗教が平和にならないとすれば、大変心配になります。

そのためにも、「宗教解放自治区の聖地」としての日本の役割は重要になります。ただし、宗教自由国家の日本ですが、大量にさまざまな宗教の人がなだれ込んできたときに、それを受容できるかどうかはわかりません。寛容性が残っているのかどうか。コロナ禍で破壊されてしまった可能性もあります。

外からくる人たちに対して、「どうぞいらっしゃい」といえる国であれば、この国は救われます。愛さなければいけないのではないのです。最低でも「攻めない」「責めない」ということです。

愛情の根本にあるのは、攻撃しないということです。呪術的な観点から見ると、そこが重要だと思います。責めない愛は、黙っていてあげることです。それを誰に評価されることがなくても、実践できれば、その人は必ず幸せになります。

どんなに悪い人がいても、「法に裁いてもらう。私は攻撃しません」という態度を貫くのです。なぜ悪いことをしたのか、なぜ悪いことをする人になったのか、この人を良くする方法は何か、といった視点がないかぎり、インターネットという現代の道具を使って悪口を書き込むという呪術をおこなう連中は「クズ」といわれても仕方ありません。責任感のない犯罪者なのです。

そうした人たちにも救済はあります。では、どう救うか、です。

悪意という呪術を無意識に放っている人こそ、本当の呪術の世界を知ってほしい。本書では、正しい呪術のあり方、使い方をたびたび記してきました。オカルトを信じないから攻撃するのです。

私も若いころは、意味もなく陰謀論を信じ、意味もなく人を責め、意味もなく社会を敵だと考えていた時期がありました。私自身の考え方がねじ曲がっていたと気づく体験があったからこそ、同じ過ちを犯す人たちの気持ちはわかります。しかし、その気持ちをどう乗り越えるかが、幸福へのカギなのです。

日本が楽園になるためには、わだかまりを捨て、皆で楽しもうといえるか、なのです。

●参考論文

秋山眞人『大正期を中心とした霊術及び霊術家の研究』大正大学文学研究科平成28年度修士論文、2017年

●参考文献

【あ行】

秋山眞人・布施泰和『あなたの自宅をパワースポットにする方法』成甲書房、2014年
秋山眞人・布施泰和（協力）『日本のオカルト150年史』河出書房新社、2020年
秋山眞人・布施泰和（協力）『開運！ オカルト実用大全』河出書房新社、2021年
蘆塚斉『手相即座考』1806年
一柳廣孝『〈こっくりさん〉と〈千里眼〉・増補版』青弓社、2021年
一柳廣孝編著『オカルトの帝国』青弓社、2006年
井上円了『哲学うらない』哲学館、1901年
井上円了『心理療法』群書、1988年
井村宏次『霊術家の饗宴』心交社、1984年
井村宏次『新・霊術家の饗宴』心交社、2007年
井村宏次『霊術家の黄金時代』ビイング・ネット・プレス、2014年
岩瀬玄通『滋宝配当集』1920年
岩橋三渓『いろは歌と其の眞理』本田教育会、1920年
宇佐美景堂『霊能者とその周辺（回想編）』霊響山房、1978年
宇佐美景堂『霊能者とその周辺（幽魂編）』霊響山房、1979年
宇佐美景堂『心霊学と心霊術（復刻版）』霊響山房、1980年

永福伝正『天文潮気流観測書』日本商事、1935年
尾栄大観『手相術』開明堂、1960年
大橋学象編『増補印判秘決集解説』印相護心会、1977年
小倉暁風『御道の寶』永楽堂書店、1921年
【か行】
葛城昇斉『干支録』1860年
加藤大岳『相法合綴』大盛社、1940年
亀田壹（一）弘『家庭寶（宝）典』共同館、1934年
加門七海（監修）『呪術の日本史』宝島社、2021年
草野巧『図解　黒魔術』新紀元社、2013年
栗田英彦ら編『近現代日本の民間精神療法』図書刊行会、2019年
桑原俊郎『精神霊道・全』開発社、1910年
結核予防厚生事業団・学校催眠編集委員会編著『父親・母親のための学校催眠入門』太陽社、1968年
小泉君英『祈祷禁厭伝授書』1887年
小菅一男『催眠術の習い方』金園社、1957年
【さ行】
佐々木九平『催眠術における精神の現象』矢嶋誠進堂書店、1903年
佐々木高明『天文運気術』1909年
佐々木高明『墨色判断秘訣』1911年
寒川恒夫（編著）ほか『相撲の宇宙論』平凡社、1993年
釋靈海『大靈療法禪靈術』大靈閣、1929年

沙門盛典老師選『増補印判秘訣集』大坂書林、1818年
杉本鐵（鉄）幸『亀卜宅相秘抄』杉本亀卜教館、1915年
鈴木貞美編『大正生命主義と現代』河出書房新社、1995年
【た行】
大龍編『三賢一致書』1649年
高木一行『鉄人を創る肥田式強健術』学研、1986年
高島象山『数理観相学』科学予言総本部、1930年
竹内楠三『催眠術（第一号〜第三号）』大学館、1904年
田中守平『太霊道及霊子講授録（上巻・下巻）』山雅房、1988年（原本は1916年）
千葉弘観『天候六尊秘宝（一）』1913年
東大心理學研究會編『心理研究』東京帝国大學文化大學心理學研究會、1912〜26年
戸田景明『家相真法』東京泰文館、1933年
【な行】
中山太郎『日本巫女史』大岡山書店、1930年
西村天籟『交霊祈禱術極秘皆伝』心友社、1922年
【は行】
橋本徹馬『超科学に見たる諸病対策事典』紫雲荘、1980年
華崎閃絆野米信『陰陽方鑑講評』（備忘録）江戸時代
馬場武憲『神事畧式』幕末から明治期
平沢白翁著、梶田勘助編著『人相千百年眼』文光堂、1913年（原本は1850年）
平沢白翁『家相千百年眼』岡島宝玉堂、1894年

福田常水『福田流最新指紋学』東洋観相学会、1913年
福来友吉『催眠心理学』成美堂書店、1906年
不二龍彦『迷信俗信大百科』学研、1996年
不二龍彦『新・日本神人伝』太玄社、2017年
藤田勇（西湖）『法力行（や）り方図解』修靈錬身会、1928年
藤田西湖『忍術からスパイ戦へ』東水社、1942年
藤田西湖『どろんろん』日本週報社、1958年
藤巻一保『占いの宇宙誌』原書房、2001年
寶（宝）来正芳『犯罪捜査と第六感の研究』秀文社、1939年

【ま行】

水原實『信天養生術』小林書店、1907年
三田善靖（光一）『靈観』帝国自覚会本部、1932年
宮内力『現代の念写とその実験的証明』念写協会、1972年
宮内力『続・現代の念写』日本念写協会、1973年
宮内力ら『念写の実際的研究（清田益章の念写）』日本念写協会、1977年
宮内力ら『念写・念電現象の物理学的研究』日本念写協会、1977年
村上辰午郎『実験催眠術講義』金刺芳流堂、1912年
村上辰午郎『村上式注意術』明文堂、1915年
目黒玄龍子『（観相極意）昌運の友』観相学研修所、1916年
目黒要太郎『家相真髄』帝国人相学院、1924年
森友道『運で暮らすか力で行くか』永楽堂書店、1927年

守田寶（宝）丹『身體（体）保全法』愛善社、1895年
【や行】
安江文五郎編『万年コヨミ』自家版、1886年
山口博『ユーラシア文化の中の纏向・忌部・邪馬台国』新典社、2021年
【ら行】
霊界廓清同志会編『霊術と霊術家』二松堂書店、1928年
ローウェ（マイケル）編著ほか、島田裕巳ほか訳『占いと神託』海鳴社、1984年
【その他】
作者不詳『心学図解全書（伝書）』明治期
作者不詳『印判秘訣集』大阪書林、1818年
作者不詳『備忘録』正義堂、江戸時代
作者不詳『永代大雑書三世相』江戸（万延）時代（1920年に復刻）
『呪術の本』学研、2003年

日本の呪術大全

二〇二一年一〇月三〇日　初版発行

著　者……秋山眞人＋布施泰和［協力］

企画・編集……夢の設計社
東京都新宿区山吹町二六一〒162-0801
☎〇三―三二六七―七八五一（編集）

発行者……小野寺優

発行所……河出書房新社
東京都渋谷区千駄ヶ谷二―三二―二〒151-0051
☎〇三―三四〇四―一二〇一（営業）
https://www.kawade.co.jp/

装　幀……こやまたかこ

印刷・製本……中央精版印刷株式会社

DTP……アルファヴィル

Printed in Japan ISBN978-4-309-48575-1